KB236304

도파민 세대를 위한
문해력 특강

이승환 지음

도파민 세대를 위한 위한 문해력 특강

숏폼의 시대,
미디어로 배우는
청소년 문해력
향상법

문해력
교육 프로그램
연구 개발 10년

문해력
독서 토론
미디어 리터러시
강연 1000회

문예춘추사

일러두기

1. 단행본은 『 』, 문학 작품은 「 」로 표기했습니다.

2. 음반·신문은 《 》, 곡명·영화·방송·미술 작품은 〈 〉로 표기했습니다.

유튜브랑 챗GPT에 다 나온다고?

모르는 게 당연한 거임

어차피 잘 안 쓰는 단어임

시대 흐름에 따라 사라질 표현임

유튜브랑 챗GPT에 다 나옴

'심심한 사과(매우 깊고 간절한 사과)', '고지식(융통성 없음)', '우천 시(비 올 때)', '족보(가문의 혈통 관계)' 등 문해력 논란 이슈들에 대한 댓글 반응을 요약한 내용이에요. "이것도 모르는 사람이 있어?"라는 댓글에 발끈해 "그걸 왜 알아야 돼?"라고 다시 따져 묻는 모양새이지요. 서로의 문해력 차이가 유발하는 갈등 속에서 화해가 필요한 시점입니다.

요즘 사람들을 '도파민에 절여진 세대'라고 하며 도파민에 절여진 인간을 '도파민 장아찌'라고 표현하기도 합니다. 재밌고 자극적인 경험을 하면 '도파민 팡팡'이란 수식어가 따라붙어요.

도파민은 새로운 자극을 받는 과정에서 '쾌락과 보상'의 감각과 감정을 조절하는 신경 전달 물질입니다. 도파민 자체는 죄가 없지만 무엇이든 과하면 위험하죠. 이 도파민이 주는 강렬한 자극에 심하게 의존하는 현상을 '도파민 중독'이라고 합니다.

대표적으로 짧고 강력한 자극을 주는 숏폼 콘텐츠는 우리의 정신을 마비시킵니다. 스마트폰을 잠깐 만지작거리다 보면 순식간에 몇 시간이 지나가곤 하는데, 이 또한 숏폼 콘텐츠만의 죄라고 볼 수는 없어요. 그 콘텐츠를 어떻게 활용하느냐는 우리 몫이니까요. 그래서 이 미디어 콘텐츠를 문해력 교육 자료로 삼았습니다.

문해력은 다양한 분야와 맥락에서 자료를 읽고 이해하고 해석하고 표현하는 능력입니다. 결국 누군가가 표현하면 누군가는 이해하는 상호작용을 전제로 해요. 그래서 교육 대상인 요즘 청소년들이 쉽게 이해할 수 있도록 내용을 구성했어요.

도파민 세대의 대표적인 특징은 집중력이 짧다는 점입니다. 빠르고 편리한 자동적 사고에 익숙해서 직관적으로 반응합니다. 의식적으로 사고하고 깊은 의미를 파헤치고, 긴 글을 해독하는 과정을 힘들어해요.

이러한 학생들을 위해 학습 단위를 쪼개고 흥미로운 미디어 콘텐츠로 관심을 유발합니다. 자연스럽게 학습 목표를 달성한 후에 앞에서 배운 내용을 다시 기억할 수 있도록 매듭짓기를 해요. 줄줄이 소시지처럼 이 작은 학습들이 반복해서 이어지며 맥락을 유지하고 문해력의 큰 그림을 완성해 나가는 겁니다. 짧은 생각의 호흡을 조금씩 길게 늘려나가며 깊은 사고를 할 수 있는 체력을 키웁니다.

이 책은 생활 속에서 일어나는 의사소통에 맞추어 듣기부터 읽기, 말하기와 쓰기를 모두 다룹니다. 첫 번째 특강에서는 잘 듣고 적절히 반응하는 법, 두 번째 특강에서는 어휘력과 배경지식을 차곡차곡 쌓는 법, 세 번째 특강에서는 말과 글의 핵심을 파악하는 법, 네 번째 특강에서는 나의 생각을 더해 적절히 표현하는 법을 배워요.

결국 문해력은 삶을 잘 살아가기 위한 힘이에요. 친구들과 즐겁게 대화하는 것, 좋아하는 콘텐츠를 깊이 이해하고 즐기는 것, 공부한 내용을 나의 것으로 만드는 것, 생각을 조리 있게 표현하고 남기는 것. 모두 즐겁고 행복한 일입니다. 이 행복을 위해서 가장 중요한 건 문해력을 향한 건강한 태도, 이해하고 싶은 의지입니다. 호기심과 탐구심을 가지고 함께 문해력 수업을 떠나보아요.

세 번째 특강
핵심을 파악하며 읽어요

말귀가 어둡다는 소리를 들은 적 있나요?

시작은 집중이다

미안! 딴생각했네

여러분이 들뜬 마음으로 친구나 부모님에게 좋아하는 영화 이야기를 하고 있는데, 상대가 휴대폰만 보고 있으면 기분이 어떤가요? 조금 서운한 마음이 듭니다. 그 상대는 여러분의 말을 다 알아들었을까요? 말로는 영혼 없이 대답할 수 있지만, 제대로 이해하지 못했을 확률이 높아요. 이야기에 집중하지 않았으니까요. 잘 듣고 이해하는 방법의 첫 번째는 상대방 이야기에 집중하는 것입니다. 잘못된 태도의 듣기 과정을 함께 볼게요.

딸: 엄마! 내가 좋아하는 가수 ○○가 무대에서 넘어졌어. 그래서 깁스했어.

엄마: (스마트폰을 보며) 어~ 그랬구나.

딸: (깁스한 팔을 들며) 나는 깁스한 지 얼마나 됐지?

엄마: (스마트폰을 보며) 어~ 그치.

딸: 아니, 얼마나 됐냐고!

엄마: 어? 뭐가?

딸: 나 깁스한 지 얼마나 됐냐고.

엄마: 한 3주쯤 됐지.

딸: 아, 그럼 ○○도 3주는 더 걸리겠네.

엄마: ○○가 누군데?

딸: 아! 엄마! 쫌!

엄마: 미안, 미안! 딴생각했네. 근데 너 오늘 로션 안 발랐지?

유튜브 채널 '하뉴두뉴' 콘텐츠 속 대화입니다. 결국 엄마는 딸이 좋아하는 가수 ○○의 정체도 모르고, 그의 부상도 알지 못한 채 대화가 마무리됩니다. 로션을 제대로 바르라는 잔소리만 추가되었네요. 댓글에서는 자신의 경험에 빗대어 서로 다른 대상에게 공감했어요. 부모님들은 본인 모습을 보는 것 같아 씁쓸하다고 했고, 아이들은 우리 엄마랑 똑같다며 화를 냈습니다. 그놈의 스마트폰이 원수라는 체념의 댓글도 있었고요.

몸과 마음은 연결되어 있어요. **몸으로 먼저 상대방을 반기세요.** 들을 때 몸이 말하는 사람을 향하도록 하고, 눈도 마주치고, 고개도 끄덕끄덕하면 메시지가 훨씬 잘 들려옵니다. 반대로 다른 일을 하면서 들으면 집중이 흩어지기 때문에 상대방 말을 제대로 듣기 힘들어요. 거기다 상대방은 본인이 무시당한다고 생각할 수 있으니 주의해야 해요.

이런 몸짓, 표정, 눈빛, 자세 등을 **비언어적 표현**이라고 합니다. 언어적 표현으로 드러나지 않는 화자의 심리를 그대로 노출

할 수 있어요. 또 말의 억양, 어조, 속도 등은 **준언어적 표현**이라고 해요. 직접적인 언어는 아니지만 언어적 표현과 함께 상대에게 의미를 전달합니다. 실제로 언어적 표현보다 이런 요소들이 대화에 더 큰 영향을 미치기도 하니 신경 써야 해요.

짜증 내는 눈빛, 한숨, 어두운 표정, 팔짱 낀 자세 등은 모두 상대방에게 부정적인 영향을 줍니다. 반면에 똘망똘망한 눈빛, 끄덕끄덕하는 공감의 몸짓, 박수와 웃음 등은 상대방에게 긍정적인 메시지를 전달해요. 누구와 대화할 때 더 호감이 생길까요?

습관적 반응 주의하기

15초 만에 상대 화나게 하는 법

어리바리하기로 소문난 예능인 A가 있어요. 해맑은 미소와 함께 굉장히 선한 인상을 가지고 있지만, 대화하다 보면 상대방은 화가 나는 경우가 있다고 해요. JTBC 예능 프로그램 〈아는 형님〉에 소개된 에피소드가 특히 흥미로워요. 15초 만에 상대방을 화나게 한 대화를 만나볼게요.

아는 형님: A야! 거기 콜라 좀 줘!

예능인 A: 네? 뭐 달라고요?

아는 형님: 콜라!

예능인 A: 에? 콜라요?

아는 형님: 어, 그거.

예능인 A: 지금요?

아는 형님: 그럼 지금 달라고 하지! 10분 있다가 먹나!

좀 더 친절하게 화를 내지 않고 대화하면 좋겠지만, 상대가 결국 답답한 마음을 참지 못했네요. 제대로 집중하지 않고 들었을 때 나오는 반응 중 하나가 "어? 뭐? 네?"라고 다시 묻는 겁니다. 한두 번은 "미안한데, 내가 잘 못 들었어. 다시 말해줄래?"라고 물을 수 있어요. 하지만 자주 되물으면 상대방도 짜증이 나죠.

우선 습관적으로 다시 묻지 않도록 주의해요. 어느 정도 알아들은 상황인데도 "응? 뭐? 네?"라는 반응이 튀어나오는 사람들이 있어요. 스스로 고민하고 생각하면 이해할 수 있는데, 너무 쉽게 포기하고 상대방에게 떠넘기는 거죠.

본인은 더 확실히 확인하고 싶은 마음일 수도 있지만, 그럴 때는 무작정 되묻지 말고 본인이 이해한 바를 설명하고 확인받는 게 좋아요. "지금 저기 있는 콜라 달라고요?" 그럼 상대방은 "응"이라고 대답하면 돼요. 하지만 "어? 뭐?" 이렇게 한두 글자로 말하면 상대방은 앞에서 했던 이야기를 다시 반복해야 하니 힘들어요.

잘못하면 '일부러 못 들은 척하나?'라는 나쁜 생각을 할 수 있어요. 그럼 상대방은 본인을 존중하지 않는다고 생각하고 더

화를 내요. 그냥 집중이 안 되어서 못 들었을 뿐인 사람은 또 억울해요. 이렇게 긴장되고 스트레스받는 상황에서는 더 집중이 안 됩니다. 결국 악순환이 생겨버리는 거죠.

긴장하지 않기

당신은 탑층의 복합 구조?

긴장되는 상황에서 우리는 부자연스럽게 반응하기도 해요. 많은 사람들이 지켜보는 상황이거나 잘 보이고 싶은 사람과 함께 있을 때 나도 모르게 당황하게 되죠. 머리가 하얘진다는 표현도 하는데 그만큼 아무 생각이 나지 않는다는 의미예요. 그때는 어떤 말을 들어도 제대로 반응하기 힘들죠. 다음은 MBC 예능 프로그램 〈구해줘! 홈즈〉에 나온 공인중개사의 긴장한 모습이에요.

개그맨 A: 안녕하세요. 여기 집 주인분이신가요?

공인중개사: 이 빌라는 탑층의 복합 구조입니다.

개그맨 A: 네? 무슨 말씀이죠?

개그맨 B: 잠시만요. 자기소개 좀 해주세요.

공인중개사: 아, 저요?

개그맨 A: 네. 소개 좀 해주세요.

공인중개사: ㅁㅁ 공인중개사 사무소의 소장 ㅇㅇㅇ입니다.

개그맨 B: 정말 반갑습니다!

개그맨 A: 저희가 집을 보러 왔는데, 특별한 부분이 있나요?

공인중개사: 이 빌라는 탑층의 복합 구조입니다.

개그맨 A: 잠시만요. (로봇처럼 움직이며 대화함)

긴장한 공인중개사는 묻는 말에 대답하지 못하고 '탑층의 복합 구조'라는 말만 계속합니다. 이를 보고 개그맨은 로봇 연기를 하는데, 이렇게 로봇처럼 삐걱대면서 제대로 반응하지 못하는 모습을 '뚝딱거린다'라고 말하기도 해요.

'탑층'은 꼭대기층을 말하고, '복합 구조'는 하나의 건축물 구조입니다. 공인중개사로서 이 집의 특징을 꼭 말해야겠다는 심리적 강박이 그를 로봇처럼 반복하게 했네요.

평소 듣기에 문제가 없더라도 심리적 부담이 심한 상황에서는 누구나 동문서답을 할 수 있으니, 대화할 때는 최대한 마음의 안정을 찾아야 합니다. 깊게 숨을 들이마시고, 간단한 스트레칭도 하면서 긴장을 완화하면 훨씬 더 잘 들립니다.

한 학생이 선생님한테 혼날수록 자꾸 주눅들어서 더 못 알아듣게 되고, 다시 물으면 또 혼나서 결국 입을 다물게 된다는 하소연을 한 적이 있어요. 이렇게 심리적으로 위축되는 상황에 있다면 우선 거리를 두고 심호흡을 하세요. 상대방에게 양해를 구하고 대화를 잠깐 멈춘 후 마음을 진정시킨 다음에 다시 대화를 진행해야 집중도 더 잘 됩니다.

공부법에 차이가 있나요?

집중을 하긴 하는데, 본인에게만 너무 집중하는 것도 소통에 방해가 됩니다. 상대방이 묻는 말이 아니라 본인이 하고 싶은 말을 하는 경우예요. 이유는 다양합니다. 엉뚱하게 생각이 이리저리 튈 수도 있고, 억울하게 쌓인 감정이 많을 수도 있고, 묻는 질문을 회피하고 싶을 수도 있어요. 다음은 채널A 교육 예능 프로그램 〈성적을 부탁해 티처스〉에 나온 고등학생과 선생님의 대화입니다.

선생님: 중학교 때는 상위권이었는데 지금은 성적이 떨어졌네요. **중학교 때와 지금 공부법에 차이가 있나요?**

학생: 시험 때 긴장해서 손을 떤 적도 있어요.

선생님: 지금 마음가짐에 대해서 이야기했는데, 본인이 생각했을 때 수학 공부 완벽하게 했어요?

학생: 개념을 이해하거나 문제를 푸는데 중학교 때와는 간격을 심하게 느꼈어요. 그리고 대입에서 내신이 중요하니까….

선생님: 아니, 나의 질문에 대답을 안 했어. **중학교 때보다 공부를 덜 한 건지, 아니면 떨려서 못 본 건지. 뭐야?**

학생: 잘 이해가 안 됐던 것 같고… 문제가 왜 이렇게 나오는지도 모르겠고….

선생님: 그럼 이해가 잘 안 된 상태에서 시험 본 거네요?

학생: 네….

선생님: 그걸 우리는 공부를 덜 했다고 하는 거예요.

중학교 때 높은 성적을 유지했지만, 고등학교 때는 그만큼의 결과를 얻지 못하니, 선생님은 어떤 차이가 있는지 알고 싶어 질문을 했어요. 하지만 학생은 심리적으로 떨렸다거나, 문제의 난이도 차이가 심하다거나, 문제가 왜 이렇게 나오는지 모르겠다는 식으로 다른 대답을 하네요.

학생은 공부법이 잘못되었다거나, 공부를 덜 했다는 이야기를 피하고 싶어 합니다. 그래서 명확하게 묻는 말에 대답하지 못해요. 거짓말을 하거나 일부러 못 들은 척하는 행동은 아니에요. 그 상황을 인정하고 싶지 않은 마음이 깔려 있거나, 고집이 센 경우에 자신이 하고 싶은 말만 할 뿐이지요.

평소에 잘 듣던 사람이라도 대화 주제에 따라 이런 상황이 찾아올 수 있어요. 대답하기 싫거나 하고 싶은 말이 따로 있을 때, 본인의 감정과 상태에 집중해서 반응합니다. 자기 세계에 갇힌 겁니다. 이해는 하지만, 상대방은 답답할 수밖에 없어요.

기본적으로 상대방이 무엇을 묻는지, 그 의도가 무엇인지 파악하는 데 집중합니다. 그리고 상대가 묻는 말에 우선으로 대답해야겠다고 생각하세요. 대답하기 힘들면 사정을 말하고 대답을 거부하면 됩니다. 엉뚱한 소리를 하는 것보다 그게 나아요.

왜 쌀이 떨어졌나요?

들기의 시작은 태도, 마음가짐이에요. 상대방 말을 귀찮고 쓸모없다고 생각하면 잘 안 들립니다. 대신 애정어린 마음으로 꼭 듣고 싶다고 생각하며 계속 도전하면 들을 수 있어요. 애정 어린 마음으로 성공적인 듣기를 한 예를 볼게요.

아이: 여보세요~ 아빠 지금 어디야?

아빠: 아빠는 일하고 있지. 밥은 먹었어?

아이: 응. 밥이 없어서 빵 먹어.

아빠: 아…. 밥이 없어서 빵 먹었어?

아이: 아빠, 쌀이 왜 떨어졌어? 쌀이?

아빠: 차에…. 사과?

아이: 아니, 쌀이 왜 떨어졌냐고?

아빠: 뭐가 떨어졌냐고?

아이: 아니 쌀! 말귀를 왜 못 알아들어?

아빠: 미안한데 다시 한번 얘기해줘봐.

아이: 왜 쌀이 다 떨어졌어?

아빠: 아~ 쌀이 왜 떨어졌냐고?

아이: 응. 쌀.

아빠: 돈이 없어가지고 못 시켰어. 쌀을.

아이: 쌀이 안 떨어지게 해야지.

아빠: 알았어. 다음부터는 쌀이 안 떨어지게 아빠가 잘 준비해놓을게.

유튜브 채널 '컴온 유머스트컴백홈'에 담긴 부자의 대화입니다. 두 번, 세 번 반복해서 들으니까 어설픈 아이의 발음도 들립니다. ==이해하고 싶다는 마음을 바탕으로 집중해서 들으면 의미가 완성돼요.== 아빠는 들은 내용을 다시 정리해서 말하며, 아이에게도 적절한 반응을 해줘요. 정성 가득한 태도는 우리의 문해력도 향상시킵니다.

선생님들이 다양한 편법을 예방하고 디지털 과의존을 방지하기 위해 "글쓰기 과제는 손으로 직접 써서 제출하세요"라고 학생들에게 말할 때가 있습니다. 그때 학생들은 모두 "네~"라고 하지만 꼭 컴퓨터로 과제를 작성해서 내는 학생들이 있어요.

우리는 이럴 때 '귓등으로 듣다'라는 표현을 해요. 귓등은 귀의 뒤쪽 부분입니다. 그러니 귓등으로 들으면 소리가 밖으로 다시 튕겨나가는 모습이 그려져요. 안쪽으로 메시지가 들어오지 못했으니 머릿속에 남지 않겠죠. 당연히 메시지를 제대로 이해할 수도 없습니다.

비슷한 말로 '한 귀로 듣고 한 귀로 흘리다'라는 말도 있어요. 귀 안으로 소리가 들어오긴 했는데, 바로 반대쪽으로 흘러나가는 겁니다. 이것 또한 메시지가 머릿속에 남지 않겠죠. 제대로 이해하지 못한 상황이에요. 집중하지 않으면 소리는 다 사라집니다.

2배속 재생과 멀티태스킹?

요즘은 한 번에 여러 가지를 하면 효율적이라고 생각해요. 스터디카페에서 본 학생은 노트북으로 인터넷 강의를 틀어놓고, 태블릿PC로는 좋아하는 아이돌 방송을 보고, 휴대폰으로 친구와 메신저를 하면서 공부하더라고요.

심지어 쉬는 순간에도 TV로 드라마를 보면서 손으로는 숏폼 콘텐츠를 동시에 보거나 메신저로 친구와 대화를 나눕니다. 둘 다 집중할 수 없는 상황이죠. 이러면 모두 잡으려다 모두 잃게 돼요. 한 가지에 집중하는 연습을 해야 합니다.

드라마나 영화를 비롯한 콘텐츠를 볼 때도 2배속으로 보거나 10초씩 건너뛰면서 보는 경우가 많아요. 본인은 효율적이라고 생각하지만, 집중도에는 분명한 차이가 있어요. 그 경험을 위해서 5분 동안 집중해서 단편 영화를 보는 수업을 합니다.

가볍게 쓱 보았을 때와, 집중해서 감독의 연출 의도, 주제 의식, 숨겨놓은 단서들을 찾으며 볼 때는 큰 차이가 있어요. 이렇게 작품에 몰입할수록 더욱 큰 재미와 감동을 느낄 수 있어요. 2배속으로 영화를 보면서 눈물 흘리는 사람은 없을 겁니다. 스토리 전개만 아는 정도죠.

다른 행동을 하지 않고 한 가지 활동에 집중하는 시간을 의도적으로 늘려보세요. 우선은 좋아하는 것으로 시작합니다. 1분짜리 숏폼 유머 영상, 5분짜리 뮤직비디오, 10분짜리 예능 콘텐츠, 1시간짜리 드라마, 마지막으로 2시간짜리 영화도 몰입해서 보는 겁니다. 콘텐츠에 푹 빠져서 웃고 울면서 즐겨보세요. 그리고 주제를 조금씩 확장합니다.

몸이 근질근질하고, 스마트폰도 보고 싶고, 잠깐씩 다른 생각이 들 수도 있어요. 그럼에도 불구하고 의도적으로 집중합니다. 이 에너지를 수업 시간에 쏟고, 대화하는 상대방에게 쏟고, 공부할 때 쏟으면 더 잘 듣고 이해하고 반응할 수 있어요.

매듭짓기 이것만은 꼭!

1. 말하는 상대방을 바라보며 집중해서 듣기

2. 습관적으로 되묻지 않기. "네? 예? 뭐?" 바로 되묻기 전에 한 번 더 생각하기

3. 심리적인 부담감 내려놓기. 심호흡을 하고 스트레칭하며 긴장 풀기

4. 묻는 말에 대답하기. 나의 욕구보다 상대방 의도에 더 집중하고 반응하기

5. 상대방을 존중하며 정성 가득한 태도로 듣기

6. 집중의 경험 쌓기. 좋아하는 것에 집중하는 경험을 의도적으로 쌓고, 시간도 조금씩 늘리기

아는 만큼 들린다

이에로사이다 주세요

부모님이나 선생님의 심부름을 한 적이 있죠. 평소에 자주 하던 심부름을 할 때와 낯선 주제의 새로운 심부름을 할 때는 어떤 차이가 있나요? 처음 심부름하던 순간을 떠올리면 막막합니다. 하지만 반복해서 익숙해지면 쉽게 할 수 있어요.

여기 SNS에서 화제가 된 남동생의 심부름 장면을 같이 볼게요. 누나가 음료수를 사오라고 해서 가게에 가긴 했는데, 정확하지 않아서 다시 전화로 확인해요.

남동생: 어떤 음료수 사오라고?

누나: 미에로화이바.

남동생: 이에로사이다?

누나: 화이바!

남동생: 미에로하이다?

누나: 너 지금 장난하냐?

남동생: 아니, 진짜 안 들려….

가게 점원: (남동생한테) 혹시 미에로화이바 아니에요? 이에로사이다는 없는데….

남동생: 누나, 없다는데?

누나: 미에로화이바가 없다고?

남동생: 어, 없대.

가게 점원: 잠깐만 도와드릴게요. (전화 대신 받으며) 어떤 거 찾으세요?

누나: 미에로화이바요.

가게 점원: 아, 그거 맞군요. 잠시만요.

가게 점원은 한 번에 알아듣는데 이 남동생은 왜 이렇게 못 알아들을까요? 바로 '미에로화이바'의 존재를 아느냐 모르느냐의 차이입니다. 미에로화이바를 먹어본 적도 없고 제대로 알지도 못하는 남동생은 정확하게 알아듣지 못해요.

이렇게 이미 머릿속에 들어 있거나 기본적으로 필요한 지식을 배경지식이라고 해요. 다양한 생활 경험이나 독서를 비롯한 미디어 경험으로 얻을 수 있어요. 배경지식을 차곡차곡 쌓을수록 새로운 정보를 쉽게 습득할 수 있습니다.

배경지식이 없다고 쉽게 포기하면 안 됩니다. 내가 알고 있는 정보를 바탕으로 낯선 부분을 채워나가야 해요. '누나가 자주 먹던 음료수가 뭐였지? 무슨 색깔이었지? 비슷한 이름의 음료수는 무엇이지?' 등등 질문을 하며 생각합니다.

"미에로… 이런 이름의 음료수 있어요?"라고 가게 점원에게 물었으면 '미에로화이바'를 금방 알아챘을 수도 있죠. 이번에 미에로화이바를 알게 된 남동생은 앞으로 더 쉽게 다른 말도 알아들을 수 있을 거예요. 심부름도 더 잘하겠죠?

혹시 당근이세요? 당근이지!

한 단어에는 여러 가지 의미가 새로 생기기도 하고 사라지기도 합니다. 그때는 알아듣던 말도 지금은 이해하기 힘들 수 있어요. 특히 유행어는 그 시기를 지나면 의미가 약해지거나 사라집니다. 다음 대화에서 '당근'의 의미를 생각해보세요.

아기 오이: 엄마, 엄마! 나 오이 맞죠?

엄마 오이: 당근이지!

아기 오이: 헉… 제가 오이 아니고 당근이에요?

엄마 오이: 아니, 그 말이 아니라….

아기 오이: 나는 당근이 싫어요!

엄마 오이: 아니, 그 뜻이 아니잖아!

엉뚱한 말장난 같지만 실제로 1999년 국민일보 신문 광고에서 나온 내용이에요. 이렇게 아기 오이는 집을 나가고 엄마 오이는 국민일보에 아기 오이 찾는 광고를 냅니다. 신문 덕분에 아기 오이를 찾을 수 있었고 '가족은 세상의 힘입니다'라는 멘트로 광고는 마무리가 돼요.

엄마 오이가 말한 "당근이지!"의 의미는 무엇일까요? '당연하지!'라는 뜻으로 쓰인 그 당시 유행어였지요. 이런 광고가 나올 수 있었던 것도 대중적인 유행어였기 때문입니다. 하지만 20년이 지난 지금은 거의 쓰지 않고 있어요.

오히려 요즘은 '당근' 하면 중고거래 플랫폼 당근을 많이 떠올립니다. 당근은 '당신 근처'의 줄임말로 많은 사람들이 이용하며 대중적인 어휘가 됐어요. 지금은 "당근이세요?"라고 하면 중고거래를 위해 나왔냐는 의미입니다. 물건을 보고 "이거 당근이야?"라고 하면, 중고거래로 구입한 물건이냐고 묻는 겁니다. 이를 활용한 요즘 광고도 있어요.

> 그래, 오직 당신뿐이야. 이 밤 여기에 서 있을 사람.
> 그런데 나는 왜, 여기서 대체 무얼 망설이나.
> 혹시 아니면 어떡하나. 확신 없는 이 나약한 맘.
> 하늘이여 내게 용기를 줘!
> 저기 당근이세요?

우리가 아는 채소 당근은 그대로 있지만, 생활 속에서는 당근이 다양한 의미로 활용됩니다. 그리고 그 의미는 부지런히 움직여요. 지금의 중고거래 플랫폼이 서비스를 종료하거나 이름을 바꾼다면 또 사라질 수 있는 말이에요. 이런 맥락을 잘 알고 있을 때 대화에서 의미를 잘 이해할 수 있습니다.

20년 전 '당근'과 지금 '당근'의 차이가 흥미롭죠. 이렇게 시간 흐름에 따라 언어가 생성, 소멸, 변화하는 과정을 **언어의 역사성**이라고 해요. 그리고 다른 나라 사람들은 '당근'과 '중고거래' 의미를 연결해서 이해하기 힘들어요. 의미와 소리에는 필연적인 관계가 없기 때문입니다. 그냥 어쩌다 연결되어 사용되는데, 이를 **언어의 자의성**이라고 해요.

또 지금 여러분이 "당연하지"를 "당근이지"라고 말하면 사람들은 제대로 알아듣지 못할 거예요. 아무도 쓰지 않는 말을 혼자 쓴다면 제대로 소통이 되지 않겠죠? 언어는 그 언어를 사용하는 사람들 사이의 약속이고, 이를 **언어의 사회성**이라고 합니다. 앞으로 계속 새로운 언어가 생겨날 겁니다. 지금도 수많은 신조어들이 생기고 활용되고 있는데, 이를 **언어의 창의성**이라고 해요. 언어도 참 다양한 성격을 갖고 있죠?

비유적인 의미 이해하기

제발 소설 좀 쓰지 마세요

단어 형태는 고정되어 있지만 그 의미는 다양하게 뻗어나갈 수 있어요. 사물이나 현상을 직접 표현하지 않고 비슷한 사물이나 현상에 빗대어 표현하는 것을 비유라고 해요. 이렇게 단어가 비유적으로 쓰이면 좀 더 다양한 의미를 갖기도 합니다. 그때는 비유적으로 사용된 단어가 가리키는 대상의 특징을 파악하고, 상황에 잘 연결해보아야 합니다.

가수 규현의 유튜브 채널에는 본인을 설명한 나무위키 정보를 보고 사실을 확인하는 콘텐츠가 있어요. 나무위키는 누구나 정보를 입력하고 수정할 수 있는 온라인 오픈사전이에요. 많은 사람들이 서로 수정하고 보완하며 만든 집단지성이 장점이지만, 누구나 접근할 수 있어 허위 정보도 많이 있습니다.

가수는 자신과 관련된 나무위키 내용을 하나하나 읽고 비하인드 스토리를 흥미롭게 이야기했어요. 사실인 부분도 있고 과장된 부분도 있어서 팬들의 궁금증을 해소해주었지요. 그중 한 장면을 소개할게요.

'한 음악방송에서 시설 부실공사로 인해 조명탑이 무너져내렸었다. 그때 이전 교통사고의 후유증으로 인해 맏형 멤버의 품에 안겨서 엉엉 울었다고 한다.'

가수: 아, 거짓말 좀 하지 마. 진짜. 제발 소설 좀 쓰지 마세요. 전혀 이런 일 없었습니다.

이 '소설 쓰지 마세요'가 낯선 학생도 있을 거예요. 어떤 뜻으로 쓰인 것 같나요? 앞뒤 맥락을 생각하면, 거짓말을 하지 말라는 의미입니다. 어떻게 소설이 거짓말과 연결될까요? 그럼 소설가들은 모두 거짓말쟁이일까요?

이런 표현은 뉴스나 드라마에서도 자주 볼 수 있어요. 이런저런 추측성 잔소리를 하는 엄마에게 "소설 좀 쓰지 마!"라고 대꾸하는 자녀들이 떠오릅니다. 또 사회 정치 뉴스에서도 억울한 이야기를 들었을 때 "소설 그만 써!"라고 경고 메시지를 날리기도 해요.

소설의 사전적 의미를 보면 '작가의 상상력에 바탕을 두고 허구적으로 이야기를 꾸며나간 문학'입니다. SF소설이나 웹소설에 나오는 캐릭터들을 생각하면, 작가의 상상력이 만든 인물이죠. 이렇게 상상력으로 지어낸 이야기라는 내용을 거짓말과 연결해 사용하기도 합니다.

"소설 쓰지 마!"라고 했을 때, 상황과 맥락을 잘 살펴야 해요. 글 쓰는 사람한테 소설 쓰지 말고 시나 다른 작품을 쓰라고 할 수도 있고요. 또 상상력을 뽐내며 이야기를 지어내는 학생에게 딴짓 말고 공부에 집중하라는 잔소리일 수도 있죠. 다르게 접근하면 이야기를 꾸며내는 사람한테 사실대로 말하라고 주의를 주는 순간일 수도 있어요.

비슷한 맥락에서 허구를 의미하는 소설과 반대되는 의미로 사용하는 것이 '다큐멘터리'입니다. 다큐멘터리는 실제로 있었던 어떤 사건을 사실적으로 담은 기록물을 뜻해요. 좀 더 진실

된 콘텐츠를 의미하죠.

개그 콘텐츠를 보면 누군가를 웃기게 흉내 내거나 풍자하는 경우가 있어요. 그럴 때 개그 소재가 된 당사자들은 감정이 상하기도 해요. 심지어는 개그 내용에 반박하거나 상대를 고소하기도 하죠.

그럴 때 사람들은 "개그를 다큐로 받아들이네!"라는 말을 많이 합니다. 뉴스에 나온 내용은 정확하게 확인하고 잘못된 정보는 바로 수정하는 게 맞아요. 하지만 개그나 예능 프로에 나온 내용은 웃고 넘길 수 있는 여유가 필요하다는 말이에요.

당신은 형광등 같은 사람

누군가 여러분에게 "형광등 같은 사람이군요!"라고 했을 때 어떤 느낌이 드나요? 이런 비유적인 표현은 그 대상에 대해 명확히 알아야 합니다. 배경지식이 중요한 이유예요. 그럼 우선 형광등의 특징을 살펴봐야겠죠! 형광등은 여러 전등 중에서 원통 모양의 가늘고 긴 등이에요.

1. 우선 밝게 빛납니다. 주변을 환하게 비추어요.

2. 수명이 다하면 갈아끼워야 합니다. 시퍼렇게 멍이 든 형광등을 본 적이 있죠?

3. 형광등은 불이 켜질 때 깜빡깜빡 몇 초 지나고 나서 켜집니다. 준비 과정이 필요해요.

　이 세 가지 특징을 바탕으로 생각해볼게요. 1번을 떠올리면 주변을 밝게 비추는 환한 사람이란 긍정적인 의미가 되겠네요. 하지만 2번을 생각하면 금방 갈아끼워야 할 사람이라는 의미를 떠올릴 수 있습니다. 오래 버티지 못하고 교체되는 운동선수가 떠오르네요. 부정적인 의미죠. 3번을 떠올리면 조금 반응이 느린 사람이 그려집니다. 특히 LED 전등처럼 바로바로 켜지는 조명과는 비교되죠.

　세 가지 의미 모두 가능성이 있어요. 이때는 그 표현이 사용된 **상황을 생각해야 정확한 의미를 추론할 수 있습니다.** 어떤 상황에서 "형광등 같은 사람"이란 말이 나왔는지 볼까요.

선생님: 이 화분 좀 저쪽으로 옮겨줘요.

학생: 뭐라고요?

선생님: 화분 좀 옮겨달라고요.

학생: 아. 지금요?

선생님: 네.

학생: 어디로요?

선생님: 저 창문 앞으로요.

학생: 창문이 어디에 있죠?

선생님: 참, 형광등 같은 사람이군요.

    이 상황을 생각하면 몇 번 의미로 사용된 것 같나요? 깜빡 깜빡, 천천히 반응하는 모습이 그려지죠. 보통 3번 반응이 둔한 사람을 의미하는 말로 활용됩니다. 1번과 2번의 의미도 형광등의 특징이지만, 관용어로 쓰이지는 않아요. 요즘 많이 사용되는 말은 아니지만, 이렇게 <mark>사물의 특성을 바탕으로 한 표현들을 알아두면 언어 감각을 기르는 데 큰 도움이 됩니다.</mark>

    그럼 반대로 빠르게 반응하는 사람을 무엇에 빗대어 표현할 수 있을까요? 근처에 가기만 해도 바로 빛이 들어오는 자동 LED 센서등이 떠오르기도 합니다. 그리고 버튼을 누르지 않아도 열리는 자동문은 정말 편리하죠. 특히 짐을 들고 있을 때 고마운 존재입니다.

매듭짓기 이것만은 꼭!

1. 듣고 이해하는 범위가 깊고 넓어질 수 있도록 배경지식 쌓기

2. 같은 단어도 시대에 따라 전혀 다른 의미로 사용될 수 있음을 이해하기

3. 대상의 특징을 바탕으로 비유적인 표현 이해하기

4. 자주 사용하지 않는 낯선 표현이라도 상황에 맞게 추론하기

상황과 맥락을 파악한다

한번 따라해봐요

　단어는 상황에 따라 다른 의미를 갖게 됩니다. 그 의미를 제대로 파악하기 위해선 주변을 관찰해야 해요. 저는 안테나라는 표현을 자주 씁니다. 안테나를 높게 세워서 주변 신호를 파악하는 거죠.

　KBS 예능 프로그램 〈1박 2일〉에서 연예인이 아주머니와 함께 맛있는 죽을 만들고 있습니다. 아주머니가 주로 요리하지만 연예인도 옆에서 잘 돕고 있어요. 정성스럽게 음식을 꾸미고 있는 상황입니다.

> 아주머니: 말린 밤을 여기 죽 가운데에, 꽃송이처럼 놓고.
>
> 연예인: 네.
>
> 아주머니: 대추를 그냥 이렇게 놓으면 보기가 안 좋잖아요.
>
> 연예인: 네.
>
> 아주머니: 가능한 빨간색이 보이도록~ 한번 따라해봐요.

연예인: 가능한~

아주머니: 아니! 이걸 만들어보라고! 누가 말 따라하라 했나!

아주머니가 대추를 보기 좋게 놓고 있을 때, 연예인도 이렇게 따라서 대추를 놓으라는 의미로 말을 했는데, 연예인은 소리를 따라해서 혼이 났어요.

연예인은 억울할 수 있어요. "따라하세요"라고 했을 때, 소리를 따라하라는 것인지, 행동을 따라하라는 것인지 명확하게 말해주지 않았으니까요. 하지만 요리하는 상황을 생각하면 어느 정도 파악할 수 있습니다.

대화는 말하는 사람, 듣는 사람, 둘이 주고받는 내용, 전체적인 상황과 맥락이 모여 이루어집니다. 그래서 메시지를 복합적으로 이해해야 하는 순간들이 있어요. 그럴 때 안테나를 세워 이 상황에서 가장 적절한 반응은 무엇인지를 생각해야 합니다.

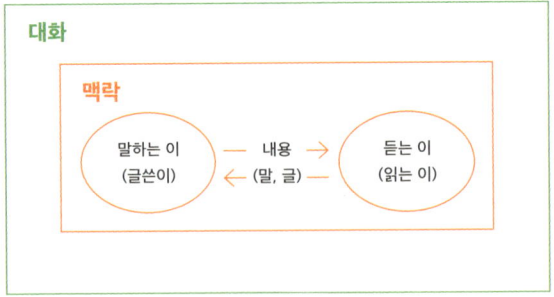

대화의 구성 요소

영어 선생님(말하는 이)께서 영어 시간에 손가락으로 칠판에 있는 영어 단어를 가리키며(상황과 맥락) "따라하세요(내용)"라고 한다면, 선생님 발음을 따라서 소리 내어 읽으면 됩니다. 이때 손가락으로 칠판을 가리키는 행위를 따라하면 안 되겠죠.

마찬가지로 체육 선생님(말하는 이)께서 체육 시간에 공을 던지며(상황과 맥락) "따라하세요(내용)"라고 한다면 선생님 자세를 따라서 공을 던져야 합니다. 같은 말이지만 다른 반응을 의도해요.

속상해서 빵을 샀어

똑같은 질문을 해도 상대방에 따라 반응이 다릅니다. 타고난 성향도 있지만, 눈치도 중요해요. 사회생활이라 부르는 경험의 차이이기도 합니다. 가족한테 똑같은 질문을 한 콘텐츠를 함께 볼게요.

[장면 1]

엄마: 엄마가 속상해서 빵을 샀어.

아들: 무슨 빵이야?

엄마: 크림빵….

아들: 어디서 샀어?

[장면 2]

엄마: 엄마가 속상해서 빵을 샀어.

딸: 왜 속상해?

엄마: 그냥….

딸: 나 때문에? ㅜㅜ

[장면 3]

엄마: 속상해서 빵을 샀어.

아빠: 무슨 일 있어? 고기 먹을까?

엄마: 고기 사주게?

아빠: 소고기 먹자!

장면 1과 2는 어린아이들답게 순수하게 반응합니다. '빵을 샀다'에 꽂힌 아들이나 '속상해'에 꽂힌 딸이 있어요. 엄마의 감정에 공감하는 딸의 반응이 감동적이라는 댓글도 많습니다.

여기서 포인트는 '장면 3' 아빠의 반응입니다. 아빠는 대화 속 숨은 맥락을 파악하고 현명하게 대처해요. 이럴 때 센스 있다는 평가를 얻을 수 있어요.

지금 상황: 아내가 속상하다.

추론한 내용: 아내는 먹는 걸로 속상함을 푼다. (예) 빵

적절한 반응: 빵보다 아내가 더 좋아하는 것을 제시한다.

'속상함'과 '빵을 샀다'의 논리적 연결고리가 생략되어 있는 상황이에요. 그럴 때 누군가는 "속상한데 빵을 왜 사? 무슨 상관이야?"라고 다시 묻습니다. 이때 적절한 추론으로 "빵을 먹으면 속상함이 풀리는구나"를 떠올리는 것이 중요해요. 본인이 그런 경험이 있으면 공감하기 더 좋겠죠. "나도 맛있는 거 먹으면 힘든 일 다 잊혀지더라!" 공감해줄 수도 있습니다. 작은 부분이지만 이렇게 **상대방에 맞게 빈칸을 추론하며 듣는 정성이 대화를 매끄럽게 해줍니다.**

맥락에 맞는 의미 파악하기

자동문 vs 벽

저는 축구를 좋아하는데, 축구에서도 '자동문'이란 표현을 자주 볼 수 있어요. "○○○ 선수, 오늘 완전 자동문이던데?"라고 표현하면 어떤 뜻일까요? 빠르고 센스 있게 움직이는 선수란 뜻이라고 생각할 수 있어요.

하지만 부정적인 뜻입니다. 특히 수비수 입장에서, 공격수에게 자동으로 문을 열어준다는 의미랍니다. 골문이 열리면 지는 게임에서 자동문은 수비수 역할을 제대로 하지 못한다는 의미예요.

반면에 내가 문을 열려고 하는데 문이 열리면 훨씬 편하죠? 상대보다 한 발 더 빠르게 움직여서 상대를 편하게 해줄 때, 친절하고 센스 있는 사람을 뜻하는 말로 '자동문'이 사용될 때가 있어요. 특히 높은 분들을 도와서 일을 처리할 때는 긍정적인 표현입니다.

또 자물쇠로 꽁꽁 닫힌 문이 아니라 누구에게나 마음 좋게 열리는 문, 여유롭고 포용적인 사람을 표현하기도 합니다. 문도 안 열어주고 그 앞에서 내쫓는 각박한 사람과 비교되는 의미예요.

자동문과 반대로 활용되는 표현 중에 '벽'이 있습니다. 무언가를 지켜줄 때는 튼튼하고 믿음직스러운 벽이지만, 내 앞길을 막고 있을 때는 답답한 장애물이죠.

스포츠 뉴스 제목에 '벽이었는 줄 알았는데 자동문!'이란 표현이 사용되었어요. 철벽 수비를 펼칠 줄 알았는데, 제대로 상대를 막지 못했다는 비난의 뜻입니다. 반대로 '자동문에서 벽이 되었다'라고 선수를 칭찬하는 제목의 기사도 있습니다.

이와 다르게 대화 상황에서 '벽'은 고집이 세고 성격이 꽉 막힌 상대를 말해요. 벽을 보고 이야기하는 줄 알았다고 하죠. 그렇게 말이 안 통할 줄 알았는데 자동문처럼 열린 마음으로 대화를 나눌 수 있었다는 의미는 긍정적인 뜻이죠. 결국 대화에서는 단어의 앞뒤 상황과 맥락을 잘 참고해야 합니다.

험난한 심부름길

상대방이 생략해서 말할 때는 듣는 사람이 추론해서 빈칸을 채워야 해요. 편하게 말을 하다 보면 여러 가지 문장 성분이 생략됩니다. 특히 필수 성분인 주어, 목적어, 서술어가 생략되었을 때는 집중해서 채워야 해요.

유튜브 채널 '빠더너스 BDNS'의 한 영상에는 함께 일하던 직원의 마지막 근무 모습이 담겨 있었어요. 학원 강사인 문쌤은 PD님의 마지막 근무 시간에 학생들과 함께 도넛을 먹으려고 합니다. 그 상황을 함께 볼게요.

문쌤: (카드를 주며) 아래 도넛집에서 도넛 사고 연유라떼 있으면 5개 사
　　 오세요. 부탁해요.

PD: 네.

문쌤: (도넛을 받으며) 고생하셨습니다. 근데 도넛 수가 좀 적은데… 연유
　　 라떼는 없대요?

PD: 아뇨? 있다 그래서….

문쌤: 연유라떼 있으면 사와야죠.

PD: 아까 연유라떼 있으면 5개 사오라고 하셨잖아요.

문쌤: 그쵸.

PD: 그래서 도넛 5개 사왔어요.

문쌤이 의도한 것과 PD님이 이해한 것이 조금 다르죠? 문쌤은 학생 수에 맞게 도넛을 넉넉하게 사오고, 연유라떼가 있으면 그것도 추가로 5개 사오라는 의미였어요. 생략된 부분들을 채워볼게요.

"도넛 (학생 수에 맞추어) 사고 연유라떼 있으면 (연유라떼) 5개 사오세요." 하지만 PD님은 빈칸을 다르게 채워서 이해했어요. "연유라떼 있으면, (도넛) 5개 사오세요"라는 말에 따라, 연유라떼가 있으니 도넛을 5개 사왔습니다.

많은 사람들은 연유라떼가 있는지 물어봤다면, 연유라떼가 필요하니까 물어봤다고 생각해요. 그러니 상황상 물어본 대상이 있으면 그 대상을 자연스럽게 구입한다고 짐작해요. 그래서 문쌤도 생략해서 대충 말한 겁니다.

PD님이 융통성이 조금 부족할 수는 있지만 크게 잘못한 건 아니에요. 사실 대화가 어긋나는 책임은 모두에게 있어요. PD님이 알아서 척척 이해하면 좋지만, 기본 사항은 아니에요. 문쌤이 좀 더 친절하고 명확하게 말했으면 오해할 일도 없었을 겁니다. 그러니 너무 잔소리하면 안 돼요.

어? 응? 네?

'대답은 잘한다'라는 이야기 들어본 적 있나요? 보통 대답은 했지만 제대로 이해하지 못한 상황이나 실천하지 않는 상황에서 나오는 말이에요.

마지막에 선생님이 "이해했어?"라고 물어보았을 때, 이해가 잘 안 된다고 다시 설명해달라고 하는 학생들은 많지 않아요. 우선 "네~"라고 영혼 없이 대답하고 봅니다. 그럼, 이해가 되지 않은 대답이 초래한 무서운 상황을 볼게요. KBS 육아 예능 프로그램 〈슈퍼맨이 돌아왔다〉의 한 장면입니다.

아빠: (아이가 형과 싸운 상황) 아빠가 화났을 때 뭐라고 대답하랬지? '네' 해야지.

아이: 네.

아빠: 진짜 알았어?

아이: 어.

아빠: '네' 하라고 했잖아.

아이: 네!

아빠: 알았어?

아이: 어!

아빠: 아빠가 '알았어?'라고 물어보면 네가 '네'라고 하는 거야.

아이: 네.

아빠: '어' 하지 마, 알았지? 하면 안 돼!

아이: 응.

아빠: '네' 하라고 했지.

아이: 네.

아빠: 그래, 아빠가 화났을 때는 '어' 하면 안 돼! 알았지?

아이: 응.

아빠: '네' 하라고 했지!

아이: 네!!!

이 대화는 도대체 어디서부터 잘못된 것일까요? 아이가 아빠한테 반항하는 걸까요? 마지막에 우는 모습을 보면 꼭 그렇지는 않은 것 같습니다. 오히려 영혼 없이 '네~'라고 반복했으면 이렇게 대화가 길어지지 않았을 수도 있겠네요.

우선 상황을 보면 형과 싸워서 아빠가 아이를 혼내고 있어요. 혼나고 있을 때는 정중하게 "네"라고 대답하라고 말합니다. 평소에는 편하게 말을 하더라도 이런 순간에는 어른에게 높임말을 하라는 의미죠. 아이가 이 의미를 알아들었을까요?

처음에는 "네"라고 말하라고 하니까 그대로 "네"라고 대답합니다. 다음에 "알았지?"라고 물어보니 평소대로 "어"라고 하죠. "어" 하지 말라니까 다음에는 "응"이라고 합니다. 하지 말라는 말, 하라는 말은 바로바로 알아듣고 따라하지만, 그 숨은 의미는 모르고 있어요. 반응을 보면 알 수 있죠.

'네'와 '어'와 '응'은 모두 긍정의 대답이에요. 'Yes, Okay'와 의미가 같습니다. 그래서 아이는 억울할 수 있어요. 하지만 추가적으로 '네'에는 높임의 의미가 있어요. 지금처럼 혼나는 상황에서는 높임 표현을 써야 한다고 아빠는 이야기합니다. 하지만 아이는 이 상황에 맞는 표현을 모르고 있어서 갈등이 생겨요. 그래서 **상황과 맥락 속에서 상대방 의도를 파악하는 것이 중요합니다.** 이렇게 어린 아이에게는 말하는 사람 입장에서도 의도를 더욱 자세히 설명해주면 좋겠죠.

다시 정리해서 확인하기

맵지 않게? 맥주 한 캔!

누구나 한 번에 듣고 완벽하게 이해하면 좋겠지만 쉽지 않아요. 그럴 때는 내가 들은 말이 맞는지 다시 확인하면 좋아요. 음식점에서 일 잘하는 직원이 실수하지 않고 음식 주문 잘 받는 방법을 다룬 콘텐츠가 있어요. 포인트는 주문받은 내용을 다시 한번 설명해주는 거예요. 그럼 여러 가지 음식을 주문한 고객도 불안한 마음 없이 음식을 기다릴 수 있어요.

실제로 식당에서 닭갈비를 시키고 "맵지 않게 해주세요~"라고 했는데, 맥주를 가져다준 일이 있어요. 맥주를 시킨 적이 없어서 이야기했더니, '맵지 않게'를 '맥주 한 캔'으로 들은 겁니다. 누구나 잘못 들을 수 있지만, 바로 확인하면 바로잡을 수 있습니다.

공부를 가르치는 한 학생과 1시간 동안 전화통화를 하며 학습계획을 짠 적이 있어요. 주 내용은 건강 문제로 지난달 밀린 과제는 포기하고 당장 해야 할 것을 우선적으로 하자는 이야기였습니다. 지금 해야 할 과제는 시의성 있는 주제를 다루기 때문에 밀리면 안 되었어요.

학생이 잘 이해했을까요? 꼭 확인해야 합니다. 그럴 때 저는 '다시 정리해서 설명하기'를 활용합니다. **이해한 내용을 다시 설명해달라고 요청하는 거죠.** 암기력 테스트가 아니라 이해력 점검이기 때문에 자신의 언어로 편하게 말하면 됩니다.

해야 할 과제 우선순위를 차례대로 다시 적어보라고 했을 때, 학생은 밀린 예전 과제부터 순서대로 적었어요. 학생은 전에 50% 정도 한 과제를 마무리하고 싶어 하는 눈치였는데, 그 생각을 바꾸지 않은 거죠. 순서를 바꾼 저의 의도를 이해하지 못한 상황입니다. 이 상태로 과제를 했으면, 뜬금없이 예전 과제를 제출했겠죠.

"하다가 멈춘 과제를 마무리하고 싶은 마음은 알겠지만, 지금까지 밀린 과제를 한 번에 하기는 쉽지 않다. 시의성 있는 주제를 다루는 과제는 지금 해야 효과적이니 이것부터 하자." 이렇게 다시 순서를 바꾼 의도를 설명했습니다.

그러고 나서 '다시 정리해서 설명하기'를 요청했더니 이번엔 제대로 말했어요. 듣는 입장에서도 충분히 확인 가능합니다. "내가 이해한 내용이 맞는지 확인해줄래?"라고 말하며 상대방에게 내가 듣고 이해한 내용을 정리해서 다시 들려줍니다.

매듭짓기 이것만은 꼭!

1. 안테나를 높게 세워 상황을 제대로 파악하고 이해하기

2. 상대방을 고려하여 적절하게 반응하기

3. 같은 말도 상황에 따라 뜻이 다르니 상황과 맥락에 어울리는 단어의 특성 생각하기

4. 상대방이 그렇게 말한 이유, 숨은 의도에 관심 갖고 이해하기

5. 듣고 이해한 내용 정리해서 상대방에게 말하고 확인받기

☀ 도파민 쉼터 ☀

낭독
- 소리 내어 읽기 -

　도파민 자극에서 잠시 벗어나는 시간, 첫 번째는 낭독입니다. 낭독은 소리 내어 글을 읽는 방법이에요. 소리 내어 읽는다고 하면 교과서를 소리 내어 읽거나 리듬을 타며 동시를 읽는 순간을 떠올립니다. 그것도 낭독이에요.

　소리 내지 않고 눈으로 읽는 것과 비교했을 때 가장 큰 차이는 속도입니다. 눈으로 읽는 것과 비교해서 또박또박 글자를 소리 내어 읽으면 속도가 느릴 수밖에 없어요. 모든 게 빠르게 흘러가는 시대에서 속도를 조절할 수 있는 것만으로 큰 의미가 있어요.

　요즘 글도 만화나 그림처럼 빠르게 대충 읽는 학생들을 많이 볼 수 있어요. 스치듯이 훑어 읽는 친구들은 중간중간 건너뛰며 읽곤 합니다. 하지만 낭독에서는 그렇게 대충 읽을 수가 없어요. 글자마다 소리 내어 읽으며 나쁜 읽기 습관을 고칠 수도 있어요.

　글자마다 어떤 소리가 나는지 생각하려면 하나하나 집중해서 읽어야 해요. 또 소리를 내어 꼼꼼하게 읽는 과정에서 눈으로 보고, 귀로 들으며 내용 이해도 잘 됩니다. 집중력과 이해력을 모두 높일 수 있는 과정이에요.

그냥 읽기가 심심한 친구들은 리듬을 타고, 이야기와 캐릭터에 몰입해서 읽을 수 있어요. 성우처럼 목소리 연기도 하고 여러 명이 역할을 나누어 함께 읽어도 좋아요. 시나 그림책처럼 짧은 글부터 시작해서 천천히 소리 내어 읽어보세요. 우리 모두 낭독의 매력에 빠져보아요.

어휘력과 배경지식을
차곡차곡

어휘력은 기본이다

정확한 단어로 소통하기

치킨타월 vs 키친타월

　단어는 의미를 담고 있는 최소 단위입니다. 이 단어를 잘못 사용하면 소통이 어긋날 수 있어요. 모양과 소리가 비슷해서 은근히 헷갈리는 단어도 많이 있습니다. 한두 글자 작은 차이가 큰 오해를 불러오기도 해요. 유튜브 채널 '순자엄마'에 나온 심부름 상황을 볼게요.

　엄마: (전화로) 치킨타월 좀 사와요.

　아빠: (집에 들어오며) 여기 치킨 왔어요!

　엄마: 내가 부탁한 거는요?

　아빠: 여기 다 사가지고 왔지요.

　엄마: 안 보이는데?

　아빠: 여기 타월도 사왔잖아요.

　엄마: 누가 때 타월 사오랬어요? 부엌에서 쓰는 거요!

　아빠: 아니, 치킨하고 타월 사오라면서요.

엄마: 아 진짜… 밥 얻어먹긴 글렀네요.

왜 이런 상황이 생길까요? 바로 '키친타월(Kitchen Towel)'을 '치킨타월'로 잘못 말했기 때문이에요. 사실 저도 자주 하는 실수입니다. 그러니 굳이 잘잘못을 따지자면 정확하게 말하지 않은 엄마의 잘못이에요.

엄마가 의도했던 키친타월은 부엌을 의미하는 키친과 타월이 더해진 말이에요. 치킨(Chicken)과는 의미 차이가 크지만, 소리가 비슷하기 때문에 혼동되기도 해요. 이 작은 차이로 필요한 물건을 얻지 못하고 말았습니다.

제 친구 중 하나는 음료를 담는 '텀블러'가 익숙하지 않은지 '탬버린'으로 몇 번 잘못 말하곤 했어요. 누군가에게는 '텀블러'가 익숙하고 '탬버린'이 익숙하지 않을 수 있죠. 한 학생은 학원과 학교를 자꾸 섞어 말해서 고민이라고 했어요. 주말에 "학교 갔다 올게요!" 하는 식이죠.

작은 실수라고 할 수 있지만 듣는 사람은 헷갈립니다. **자신의 언어 습관을 잘 들여다보고 자주 헷갈리는 어휘가 있다면 따로 정리하세요.** 실수가 반복되면 실력이라는 말도 있죠. 정확한 어휘를 쓰도록 노력해야 해요.

비슷한 맥락에서 축하하는 의미로 전하는 축의금(祝儀金)과 남의 죽음을 슬퍼하는 의미로 전하는 조의금(弔意金), 부의금(賻

儀金), 합의를 하기 위하여 전하는 합의금(合意金) 등이 헷갈려 실수하는 경우도 많습니다.

> **친구 A:** 나 13년지기 고향 친구 아버지가 돌아가셨는데, 합의금 얼마 해야 함?

> **친구 B:** 니가 죽였냐?

가벼운 말실수일 수 있지만, 굉장히 다른 의미가 전해집니다. 죽음을 슬퍼하기 위해 보내는 돈과 가해자가 피해자와 합의하기 위해 내는 돈은 차이가 있어요. 그래서 적합한 어휘 사용이 중요합니다.

맞춤법 잘 지키기

더퍼놨어요 vs 덮어놨어요

말로는 어느 정도 대화가 되는데, 메신저나 글쓰기를 할 때 맞춤법이 헷갈려 고생하는 학생들이 많아요. 그 이유는 소리와 글자의 차이입니다. 소리는 비슷하지만 글자가 조금 다르고, 이에 따라 의미도 달라져 상대방이 혼란스러워해요. 온라인상에서 화제가 된 '맞춤법 파괴 모음집' 사례를 함께 볼게요.

> **엄마:** 식탁에 밥 해놓은 거 챙겨 먹었어?

아들: 조금 먹었어요.

엄마: 남은 음식은?

아들: 그냥 더퍼놨어요.

엄마: 뭐? 어디다 퍼?

아들: ?? 뚜껑으로요.

엄마: 아… 덮어놨다고….

아주 간단한 대화입니다. 말로 했을 때는 큰 무리가 없이 이해했을 내용이지만, 글자로 보았을 때는 오해할 수 있어요. '더 퍼놓다'와 '덮어놓다'는 의미상 차이가 있습니다. 귀찮아서 대충 적었다고 맞춤법 실수를 넘어가다 보면 나쁜 습관이 됩니다.

1. 감기가 다 낳다. → 감기 다 낫다.
2. 나도 연예하고 싶다. → 나도 연애하고 싶다.
3. 숭모가 화장품 사줬어. → 숙모가 화장품 사줬어.
4. 해피한다고 될 일이 아냐. → 회피한다고 될 일이 아냐.
5. 실내가 안 된다면 → 실례가 안 된다면

추가로 이슈가 된 단어들이에요. 소리 나는 대로 대충 적었는데 우연히 그 글자의 다른 뜻이 있으면 상대방은 혼란스러워요. '낳다'는 아이나 알을 몸 밖으로 내놓는다는 의미고, '낫다'는 병이나 상처가 본래대로 되었다는 의미입니다. 감기를 몸으로 만들 수는 없으니, '낫다'가 적절해요.

'연예'는 대중 앞에서 하는 공연이나 재주를 의미하고, '연애'는 서로 좋아하여 사귀는 상황입니다. 연예인이 되고 싶은 것이 아니라 외로운 상황이라면 '연애'가 적합해요.

'숙모'는 아버지 동생의 아내를 이르는 말입니다. 편하게 발음하다 보니 '숭모'라고 말할 수 있어요. 하지만 그걸 그대로 글로 적으면 '숭모'라는 사람이라고 오해할 수 있죠. "숭모가 누군데?"라는 말이 바로 따라나올 겁니다.

'회피'는 몸을 숨기고 만나지 않는 상황이고, '해피(Happy)'는 행복한 상황을 뜻하니 의미가 정말 다릅니다. 소리 나는 대로 대충 적었다가 큰 오해를 할 수 있어요.

'실내'는 방이나 건물 안을 의미해요. 그러니 '실내가 안 된다면' 바깥을 의미하는 실외가 되느냐고 다시 묻게 됩니다. 하지만 여기서 '실례가 안 된다면'은 상대방에게 도움을 요청하기 전에 인사로 쓰이는 경우가 많아요.

웃으며 넘어가는 사람도 많지만, 모두 실제로 자주 볼 수 있는 상황입니다. 맞춤법이 어렵다고 대충 적으면 상대방이 "무슨 말이지?"라고 고개를 갸우뚱할 수 있어요. 서로 배려하는 마음으로 정확하게 적어야 오해를 줄일 수 있습니다.

서울 근교 데이트 코스

우리나라 어휘는 고유어, 외래어, 한자어로 이루어져 있어요. 이 중에서 한자어는 어휘의 약 60% 정도를 차지해요. 그러니 한자어를 어려워하는 학생들은 글 읽기도 힘듭니다. 반면에 한자어와 친하게 지내면 단어 의미를 파악하기 좋아요.

지방에서 서울로 놀러온 조카를 위해 삼촌이 서울 구경을 시켜주려고 합니다. 오랜만에 조카에게 점수를 따고 싶은 삼촌, 차를 타고 가며 원하는 것을 물어봐요.

삼촌: 서울에서 하고 싶은 거 있었어?

조카: 응.

삼촌: 가고 싶은 데 있어?

조카: 근교.

삼촌: 어디라고?

조카: 아, 근교 가보고 싶다고.

삼촌: 근교에?

조카: 어… 거기 온천 있대! 근교에 가면.

삼촌: ???

상황을 알고 보니, 조카는 SNS에서 서울 관광지를 소개해주는 콘텐츠를 보았어요. 거기에 '서울 근교 온천&스파 모음'을 보고 온천과 찜질방 같은 체험을 해보고 싶었던 겁니다. 따뜻한 곳에서 몸도 녹이고 만화도 보고 음식도 먹을 수 있는 장소들이 많으니까요.

그런데 삼촌은 왜 이렇게 말을 못 알아들을까요? 여기서 중요한 건 '근교'의 정체입니다. 근교(近郊)는 '가깝다 근(近)', '야외 교(郊)'로 이루어진 말로, 가까운 주변 지역을 뜻해요. 서울 근교는 서울에서 가까운 지역을 넓게 이르는 말이에요. 그러니 이미 서울 근교에 있는데, 근교에 가고 싶다는 조카의 말에 삼촌은 당황할 수밖에 없죠.

조카는 근교의 의미를 모르고 하나의 장소 이름으로 이해했어요. 그러니 '근교'를 온천이 있는 곳으로 생각했던 겁니다. 따지고 보면 '판교', '광교', '오목교' 등의 지명도 있으니 충분히 헷갈릴 수 있죠.

하지만 삼촌이 제대로 못 알아듣고 조카가 원하는 장소에 가지 못해 만족스럽지 못한 나들이가 된다면 정말 아쉽겠죠. 작은 오해 때문에 대화가 제대로 통하지 않으면 결국 서로가 손해를 볼 수 있어요.

나아가서 한자어와 친해지면 동시에 다양한 어휘를 익힐 수 있어요. 한자어는 겉으로 의미가 드러나지 않기 때문에 사전에서 어휘를 검색하는 습관이 중요합니다. 한자어의 복잡한 모양에 겁내지 말고 생활 속 단어들을 모아 연결고리를 만들어야 해요. 예를 들어 살펴볼게요.

'근교'를 네이버 국어사전에서 검색하면 '근교(近郊)'라고 나옵니다. 이때 '가깝다 근(近)'을 따로 클릭해봅니다. 그럼 여러 가지 설명이 나오는데 '단어·성어' 카테고리를 누르고 '단어'에만 표시를 합니다. 그럼 '최근(最近), 접근(接近), 친근(親近), 근처(近處)' 등 '가깝다 근(近)'으로 형성된 단어들이 나옵니다. 앞에서 본 중고거래 플랫폼 당근의 의미인 '당신 근처'도 한자어였네요. 이렇게 공통된 한자어로 만들어진 단어들과 친해지면, 그 의미와 자연스럽게 연결됩니다. 한자 모양을 보고 겁먹지 말고, 담고 있는 속뜻과 가까워지세요.

혼숙은 금지입니다

단어가 만들어질 때도 한자어는 많은 역할을 합니다. 한자어가 낯설어서 생긴 에피소드가 또 있어요. 펜션을 운영하는 분이 고객에게 받은 문의 사항이 SNS에서 화제가 되었습니다.

고객: 혼자 가서 지내려고 하는데 안 되나요?

주인: 혼자서 쉴 수 있습니다.

고객: 다행이네요. 안내문에는 안 된다고 적혀 있어서요.

주인: 그럴 리가 없는데….

고객: '혼숙금지'라고 적혀 있는데요.

주인: 네?? 그건….

혼숙(混宿)은 '섞이다 혼(混)', '자다 숙(宿)'이 합쳐진 말로 남녀가 여럿이 한데 뒤섞여 자는 것을 의미합니다. 하지만 고객은 혼숙을 혼자 잠을 자는 것으로 이해한 것이죠. 서로 섞이는 '혼(混)'과 혼자의 '혼'은 의미 차이가 크죠.

생활 속에서 많이 쓰이는 줄임말을 생각해보면 혼자 영화 보는 것을 혼영, 혼자 밥 먹는 것을 혼밥, 혼자 공부하는 것을 혼공이라고 했을 때 혼숙도 낯설지 않습니다. 한자어에 익숙하지 않을 때는 더욱 그럴 거예요. 여기서의 '혼(混)'은 이것저것 뒤섞인 혼합(混合), 남성과 여성이 합한 혼성(混聲), 피가 섞인 혼혈(混血) 등의 단어에 쓰입니다. 잘 구분해야 해요.

혼공에 이어 순수하게 공부에 몰입하는 행위를 줄인 순공이란 표현도 자주 볼 수 있습니다. 여기서 '순(純)'은 순수함을 뜻하는 한자어입니다. 생각보다 가까운 곳에 한자어가 있죠? 그럼 '순두부'도 순수한 두부일까요? 그렇지는 않아요. 이건 고유어 표현에서 넘어와 뿌리가 다릅니다.

'열심히 공부하다'를 줄인 말로 열공이란 표현도 있어요. 여기서 '열'이 숫자 열이라면 어떨까요? 열 가지나 다양하게 공부한다는 의미가 됩니다. '뜨겁다 열(熱)'을 생각하면 뜨거운 곳에서 하는 공부가 돼요. 어떤 단어가 더해지느냐에 따라 전혀 다른 의미가 생기죠.

그럼 '격공'은 어떤 의미일까요? 격하게 공부한다는 뜻이라고 생각할 수 있지만, 격하게 공감한다는 의미입니다. 앞에서 '공'이 공부의 줄임말이었다면 여기선 공감의 줄임말이에요.

버스를 탈 때 '환승입니다'를 듣고 '환영합니다. 승객님'의 줄임말로 잘못 알았다는 학생도 있었어요. 환승(換乘)은 '바꾸다 환(換)', '타다 승(乘)'이 합쳐진 말로 바꾸어 탄다는 뜻이에요. 대중교통을 바꾸어 탈 때 알려주는 소리지요. 환승역은 바꾸어 타는 역이고, 환전은 종류가 다른 화폐를 바꾸는 것입니다. 생활 속 한자어와 친해지기 위해서는 앞에서 설명한 사전 검색과 친해져야 합니다. 검색해보니 '교환(交換), 전환(轉換), 환기(換氣)' 등의 단어와 연결되어 바꾸다는 의미가 자연스럽게 연상됩니다.

요즘 많은 단어를 줄여서 사용합니다. **줄일 때 줄이더라도 무엇을 줄였는지, 어떤 단어들이 더해진 것인지 명확하게 이해해야 합니다.** 이에 따라 의미가 많이 달라지기 때문이에요.

버거 접습니다

한 단어에 여러 가지 뜻이 담긴 경우가 있어요. 사람들은 여러 의미 중에서 어떤 의미로 해석해야 하는지 혼란스러워합니다. 그때 우리는 맥락을 통해서 파악해야 합니다. 이를 활용한 재미있는 광고를 소개할게요.

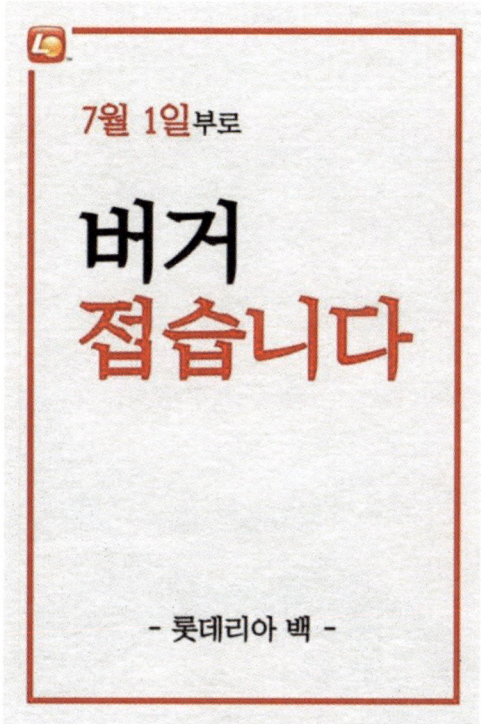

롯데리아 광고

2020년에 롯데리아 가게마다 '롯데리아 버거 접습니다'라는 포스터가 붙어 논란이 되었어요. 집 근처 롯데리아에도 이 포스터가 붙어 있었는데, 더 이상 햄버거를 먹을 수 없다는 생각에 아쉬워했습니다. 대학생 때 이 롯데리아에서 아르바이트도 했었기 때문에 남다른 애정이 있었어요.

요즘 손님이 줄어든 것 같더라니…, 버거를 안 팔면 치킨 위주로 판매를 하려나…, 아니면 그냥 문을 닫는 건가… 이런저런 걱정을 하며 접기 전에 한 번이라도 더 사먹으려고 했습니다.

롯데리아 햄버거 광고

하지만 이렇게 걱정한 것이 민망할 정도로 7월 1일이 되자 새로운 포스터가 붙었어요. 접어서 먹는 버거가 나왔다고 말이죠. 저 혼자 속았다는 생각에 분통이 터졌어요.

인터넷에서도 와글와글 난리가 났습니다. 사람들을 속였다고 비난하는 반응도 있지만, 센스 있는 광고란 반응도 있었어요. 생각해보면 롯데리아는 크게 잘못한 것이 없습니다. 버거를 접는다고 했고, 진짜 접는 버거를 출시했으니까요. 그럼 저는 왜 혼자 이런저런 상상을 했을까요? 바로 이 '접다'라는 단어 때문입니다.

접다

1. 천이나 종이 따위를 꺾어서 겹치다.
2. 일정한 방식으로 겹쳐지게 꺾어 무엇을 만들다.
3. 폈던 것을 본래 모양이 되게 하다.
4. 자기의 의견, 주장 따위를 더 이상 내세우지 않고 거두어들이다.
5. 지속적으로 하던 일이나 행위 따위를 그만두다.

유의어: 개다, 걷다, 눈감다

반의어: 펴다

'접다'에는 다양한 의미가 있어요. 가장 기본적으로는 종이 접기를 떠올리면 됩니다. 형태가 있는 무언가를 차곡차곡 접어요. 그럼 버거를 접어서 먹는 것도 충분히 이해가 되죠. 그럼 저는 왜 '버거를 접다'에서 버거 장사를 그만둔다는 생각을 했을까요?

5번의 '지속적으로 하던 일이나 행위 따위를 그만두다'라는 의미 때문입니다. 지속적으로 하던 햄버거 장사를 그만둔다고 생각했어요.

사전의 5번 예문을 보면 '도시 생활을 접고 귀농하기로 했다'가 있어요. '생활' 자체는 형태가 없어 반으로 접거나 할 수 없지만, 접는 행위에서 확장되어 마무리한다는 의미로 사용됩니다. "게임 그만 접자!"라고도 활용할 수 있죠.

이런 관계를 **다의 관계**라고 해요. **뿌리는 같지만 본래 의미에서 갈라져 나와 생긴 의미라 조금 차이가 있어요.** 반대말을 생각해보면 차이를 확 느낄 수 있습니다. '종이를 접다'의 반대말은 '종이를 펴다'지만 '가게를 접다'의 반대말로 '가게를 펴다'는 어색합니다. '가게를 다시 열다, 시작하다, 운영하다' 정도가 적합해요.

그래도 다의 관계는 뿌리가 같아서 단어의 뜻이 조금은 관련 있었어요. 다음에는 모양은 같은데 뜻이 전혀 다른 단어들을 볼 거예요. 사람들이 혼란스러운 건 마찬가지랍니다.

안중근 의사는 어느 병원?

"안중근 의사가 어느 병원 의사인가요?"라는 질문이 화제가 된 적 있습니다. 우리에게 익숙한 의사는 병을 고치는 사람이기 때문에 헷갈릴 수 있어요. 실제로 '안중근'이란 이름의 의사 분이 있을 수도 있죠. 내과, 치과, 안과, 이비인후과 등 가능합니다.

글자 형태만 같고 뜻은 아무 관련이 없죠. 이런 단어 관계를 동형이의 관계라고 합니다. 뿌리가 같은 다의 관계와 비교하면 뿌리도 다른데 우연히 글자 모양이 같은 관계예요.

하지만 역사적인 상황에서 안중근 독립운동가를 생각해보세요. 그럼 청진기를 끼고 누군가를 치료하는 모습보다는 투쟁하는 모습이 더 많이 드러납니다. 그럴 때 호기심을 갖고 찾아보면 됩니다.

'의사'를 검색하면 여러 가지 뜻이 있어요. 병을 치료하는 사람(醫師), 무엇을 하고자 하는 생각(意思), 의로운 행동을 한 사람(義士) 등이 나옵니다. 역사를 생각하면 나라와 민족을 위해 몸을 바쳐 일한다는 뜻을 가진 의로운 사람이라는 의미가 가장 적절하겠죠?

이렇게 같은 단어 안에서도 여러 가지 의미가 있다는 것을 이해해야 합니다. 그래서 사전을 찾을 때도 여러 의미와 예문, 비슷한 단어인 유의어와 반대 뜻을 가진 반의어도 함께 살펴봐야 해요. 그리고 문맥상 가장 적절한 의미를 찾아 적용해야 합니다.

대표적으로 '배에 타서 배를 먹으니 배가 부르다'라는 문장에서 '배'는 모두 다른 배죠. 물 위를 떠다니는 배, 과일 배, 신체의 배 모두 관련 없는 단어들인데 우연히 글자 모양이 같아요. 그럼 모양만 보고 사람들은 어떻게 뜻을 알 수 있을까요?

앞에서 말한 문맥으로 파악합니다. '배를 먹다'라고 했을 때는 동사 '먹다'와 어울리는 과일이 떠오르고요, '배를 타다'라고 했을 때는 '타다'와 어울리는 탈것이 떠오르죠. '배가 아프다'라고 했을 때는 신체 일부분인 '배'가 자연스레 떠오릅니다.

이때 누군가는 비유적인 표현을 활용할 수 있습니다. 정말 열심히 농사지어 키운 과일 배에 상처가 난 것을 보고 "우리 배가 아프네, 어떡하지"라고 해요. 또 오랜 시간 타고 다니며 애정이 듬뿍 담긴 배가 고장 난 것을 보고 "우리 배가 아프네, 속상하다"라고 표현할 수 있어요.

이럴 때 상대방은 바로 이해하기 힘듭니다. 직접적으로 어울리지 않기 때문이죠. 그럴 때는 상대방 의도를 추론해서 파악해야 합니다. 대상을 소중하게 생각해서 사람처럼 표현한 것이라고 심층적으로 이해해야 해요.

사라진 마약 김밥

단어 뜻이 생활 속에서 다르게 사용되는 경우가 있어요. 그러다 사람들이 많이 사용하면 어느 정도 굳어져버립니다. 사회적으로 어느 정도 인정하는 경우도 많지만, 사람들에게 나쁜 영향을 미쳐서 사용을 금지한 사례도 있어요. '사라지는 마약 김밥'이란 콘텐츠를 볼게요.

혹시 '마약 김밥'이란 말을 들어보았나요? 서울 종로에 있는 광장시장에서 인기가 많은 김밥이었어요. 왜 이름에 '마약'이 붙을까요? 마약은 심각한 중독 증상을 나타내고 부작용이 심해 통제하는 물질인데, 실제로 김밥에 들어가면 큰일나겠죠. 여기선 자극적이고 중독적인 맛으로 빠져든다는 의미로 지은 이름이에요.

그 외에도 '마약 떡볶이', '마약 치킨', '마약 국밥', '마약 베개' 등 중독성이 있어서 빠져드는 매력적인 모습을 홍보하기 위해 상품명에 '마약'을 붙이는 경우가 있었어요. 그러다 보니 사람들이 '마약'을 매력적인 상태로 인식할 위험이 생깁니다.

마약은 국가에서 금지한 물질인데, 이렇게 긍정적인 어조로 사용되면 곤란하죠. 마약에 대한 심리적 장벽이 낮아지면 큰일이니까요. 그래서 상품명에 '마약'이란 이름을 쓰지 못하도록 법적으로 제한하기도 해요.

비슷한 예로 '폭탄'이란 말도 생각해볼 수 있어요. 폭탄은 사람이나 물질을 파괴하기 위한 물건이에요. 보통 전쟁 상황에서 사용되는 위험한 물건입니다. 그런데 '치즈 폭탄', '고기 폭탄', '폭탄 계란찜' 등 재료가 듬뿍 많이 들어간 것에 '폭탄'이란 이름을 붙이곤 해요.

단어는 고유의 분위기를 갖고 있어요. 그리고 사람들은 그 단어를 하나의 이미지로 인식하기도 합니다. 긍정적일 수도 있고 부정적일 수도 있지만, 그 이미지가 어떻게 활용되는지 지켜볼 필요가 있어요. 이렇게 단어 분위기가 바뀐 것들을 한번 떠올려보세요.

납작하다는 말은 납작하지 않다

가끔씩 분명히 아는 단어, 쉬운 단어인데도 문장 안에서 해석이 안 될 때가 있어요. 그럴 때는 그 단어가 비유적인 의미로 활용되었을 가능성이 있습니다. 다음 글을 볼게요.

지금 학교는 두발·복장과 스마트폰 등 학교 정책에 대한 학생들의 건의사항을 일부 학생의 과격한 행위로 몰고 가고 있습니다. 공부에 방해가 되는 것을 최소화한다는 학교 정책은 학교와 학생의 관계를 너무나도 납작하게 이해하는 일입니다.

이 글에서 '납작하게' 이해한다는 말이 무슨 의미일까요? 우선 '납작하다'란 단어를 떠올리면 납작만두, 납작한 그릇이 생각나죠. 사전에서 찾아보아도 판판하고 얇으면서 좀 넓은 상태를 의미해요. 이렇게 얇게 이해한다는 것은 비유적인 표현입니다. 그럼 어떤 의미인지 문맥을 살펴봐야 해요.

학교 정책에 불만을 갖고 건의하는 학생들이 있어요. 하지만 학교는 일부 학생들의 과격한 행위로 몰고 가며 학생들과 소통하려고 하지 않아요. 학교는 학생들이 공부하는 장소니, 공부를 위한 학교 정책을 학생들이 일방적으로 따라야 한다고 이야기합니다. 글쓴이는 이러한 상황이 학교와 학생의 관계를 너무나도 '납작하게' 이해했기 때문이라고 말해요.

그럼 학교와 학생의 관계를 어떻게 이해해야 할까요? 학교는 학생들이 공부만 하는 곳이 아닙니다. 친구들과 우정도 쌓고, 여러 활동으로 가치관도 형성하는 복합적인 공간이에요. 그래서 학교와 학생의 관계도 여러 각도로 볼 수 있어요. 학교 정책이 마음에 들지 않으면 학생들이 의견을 제시할 수도 있죠.

이런 아쉬움을 표현한 '납작하게'는 문맥상 어떤 의미로 바꿀 수 있을까요? 학교 정책은 학교의 여러 가지 의미 중 '공부' 하나에 집중했어요. 복합적인 관계를 '단순하게, 대충' 이해하고, 입체적인 관계를 '평면적으로, 단편적으로' 이해했다고 할 수 있죠. 사전과는 다르게 문맥상 여러 가지 비슷한 의미의 단어를 찾아낼 수 있습니다.

비유적인 표현이 나온 상황을 생각해볼까요? 납작만두를 떠올려보세요. 바닥에 딱 붙었죠. 납작만두가 아닌 속이 꽉 찬 만두는 두껍고, 통통하고, 울퉁불퉁함이 느껴집니다. 판판하고 얇은 것이 평면적이라면 반대는 3D처럼 입체적인 형태입니다. 납작만두는 위에서만 보인다면, 통통만두는 다양한 각도에서 바라볼 수 있어요.

정리하면 '납작 ↔ 통통'에서 '평면적, 단편적 ↔ 입체적, 총체적'으로 의미를 확장할 수 있습니다. "납작하게 이해하지 마세요!"는 "단편적으로 이해하지 마세요!"라고 바꿀 수 있어요. 또 "입체적으로 생각해주세요!"나 "총체적인 시각으로 바라보아야 합니다!"라고 표현할 수도 있죠.

유튜브 알고리즘이 우리의 뇌를 식민화한다.

이 표현도 마찬가지입니다. '식민화'는 정치적 종속 관계를 의미하지만 여기서는 비유적으로 활용되었어요. 뇌를 식민화한다는 것은 어떤 의미일까요? 문맥상 유튜브 알고리즘이 시키는 대로 우리 뇌가 움직인다는 뜻입니다. 본국이 식민지 국가를 조종하듯이 말이죠. 그러면 '식민화한다'는 '조종한다, 조작한다, 휘두른다' 등으로 바꿀 수 있어요.

이렇게 **비유적인 표현은 문맥상 어울리는 다른 단어로 바꾸어보세요.** 앞뒤 상황을 통해 이해한 의미를 떠올리고, 자연스럽게 연결될 수 있는 다른 단어들을 찾아보아요. 빈자리에 맞는 다른 퍼즐을 계속 찾아내는 겁니다. 그럴수록 내가 가지고 있는 어휘 사전도 풍부해집니다.

초성 게임과 가로세로 퍼즐

예능 프로그램에서 연예인들이 초성 게임 하는 모습을 자주 볼 수 있어요. 한 아이돌 그룹이 모여서 초성 게임을 합니다. 제시어는 'ㅋ'과 'ㅍ'이었어요. 이 초성으로 이루어진 단어를 말해요.

커플, 카피, 카페, 커피가 차례대로 나오고 한 멤버가 대답을 못하고 있었어요. 고민고민하다가 '쿠팡'이라고 말해서 웃음바다가 되었습니다. 한 회사 이름이 너무 직접적으로 노출되었으니까요.

여러분도 세 개 더 찾아볼까요? 어떤 단어가 떠오르나요. 코에서 나오는 피 '코피', 산이나 들에서 텐트를 치고 지내는 '캠핑', 할인받을 때 주로 쓰는 '쿠폰'도 있고요. 먹는 콩과 팥을 함께 이르는 '콩팥'도 가능합니다.

추가 문제로 'ㄷ'과 'ㅅ'으로 된 단어도 찾아볼까요? 이번엔 의도한 단어를 맞혀보세요. 힌트는 문해력을 기르기 좋은 활동이에요. 바로 책을 읽는 행위인 '독서'가 답입니다. 바로 떠올랐나요?

이번엔 '독서' 외에 'ㄷ'과 'ㅅ' 초성으로 된 단어를 떠올려 보세요. 검색하지 말고 머릿속에 있는 단어를 꺼내야 합니다. 귀엽고 사랑스러운 '동생', 산을 오르는 '등산', 사람들이 많이 사는 '도시', 두 번 세 번 되풀이하는 '다시', 상대방을 높여 부르는 '당신', 하나, 둘, 셋, 넷 '다섯', 교과서에서 배우는 '동시'

등 참 많죠. 친구와 함께 초성 게임을 즐겨보세요.

나아가서 가로세로 낱말 퍼즐도 추천합니다. 초성 게임이 공통된 자음을 바탕으로 한다면, 가로세로 낱말 퍼즐은 공통된 글자를 바탕으로 퍼즐을 맞춰나가는 게임이에요. 한두 글자 힌트를 바탕으로 추론하며 다양한 단어를 만날 수 있지요. 퍼즐이 완성되려면 정확하게 단어를 알아야 해서 단어 학습에 유용해요. 직접 퍼즐을 만들면 더 좋습니다.

낱말 퍼즐

매듭짓기 이것만은 꼭!

1. 헷갈리는 말, 자주 틀리는 맞춤법 신경 쓰고 정확한 단어 사용하기

2. 다양한 한자어와 친해지고, 단어가 만들어지는 과정도 떠올리기

3. 다의 관계, 동형이의 관계 등을 생각하며 여러 단어를 연결지어 익히기

4. 단어의 뜻이 여러 가지일 때는 문맥을 파악하고 어울리는 단어 선택하기

5. 초성 게임 및 가로세로 낱말 퍼즐로 즐겁게 어휘 학습하기

배경지식은 점점 쌓인다

배경지식 활용하기

너 F야? T야?

'아는 만큼 보인다'라는 말처럼 우리는 기본적으로 아는 만큼 이해할 수 있습니다. 많이 알고 있으면 많은 부분이 생략되어도 충분히 이해할 수 있어요. 새로운 지식을 습득할 때도 기존에 가지고 있는 지식을 최대한 활용하여 이해하게 됩니다. 그러니 이미 가지고 있는 지식이 많을수록 새로운 지식도 더 쉽게 수용할 수 있어요. 반면에 그렇지 않다면 머리에 물음표만 가득하게 되죠.

요즘 성격 유형 검사인 MBTI가 널리 활용되고 있어요. 간단한 자가진단 문항을 바탕으로 16가지 성격 유형을 설명해줍니다. 이 MBTI가 일상 속에서 많이 활용되면서 관련 유행어나 콘텐츠도 많이 나왔어요. MBC 예능 프로그램 〈놀면 뭐하니?〉에 나온 대화 사례를 볼게요.

가수: 이어폰 음질이 진짜… 옆에 귀에 대고 노래하는 줄 알았어.

모델: 귀에 꽂혀 있으니까.

가수: 너 F야?

모델: ?? 뭔가 이상한데?

가수: 잘 몰라. 주변에서 이렇게 하더라고.

여기서 가수가 말한 F는 무슨 의미일까요? 상대방은 왜 뭔가 이상하다고 했을까요? 맥락에 살짝 어긋난 느낌이죠. 그 알파벳에 담긴 의미를 정확히 이해해야 대화가 진행됩니다. 관련된 내용의 실생활 대화를 하나 더 볼게요.

여학생: 나 시험 망쳤어. 어떡해.

남학생: 무슨 과목?

여학생: 국어….

남학생: 어려웠어?

여학생: 응….

남학생: 몇 점인데?

여학생: 너 T야?

남학생: (들고 있는 음료수를 가리키며) 이거? 밀크티?

대화에서 나오는 F와 T의 의미가 무엇일까요? MBTI로 생각하면 감정을 중시하는 F(Feeling) 유형과 이성적 사고를 중시하는 T(Thinking) 유형을 의미합니다.

이 MBTI 유형을 모르면 엉뚱한 대답을 하기 쉬워요. F와 T를 섞어 부르거나, "무슨 T?"냐고 되물을 수밖에 없습니다. 다행히 MBTI 유형을 알고 있다면 반갑게 "응, 맞아! 나 T야!", "아니, 나 F야!"라고 대답하면 되겠죠.

그런데 진짜 무슨 유형인지 궁금해서 물었을까요? 맥락상 상대방의 딱딱한 반응을 못마땅하게 생각한 겁니다. 첫 대화는 감성적인 반응에 논리적인 답변을 하는 상대방이 마음에 들지 않아서 "너 T야?"라고 물어야 하는데 제대로 몰라서 "너 F야?"라고 반대로 물은 겁니다. 그러니 상대방도 당황했죠. 아는 만큼 표현하고 들을 수 있으니까요.

그다음 대화도 나의 감정에 공감하지 않고 사실을 집요하게 확인하는 상대 모습에 짜증이 난 상태입니다. 이를 탓하기 위해서 "너 T야?"라고 말했는데, 상대방은 제대로 모르니 엉뚱한 반응을 한 거죠.

이와 같은 대화에서 "너 T야?"는 단순한 성향 확인이 아니라 "넌 공감 능력 없어?"처럼 꾸짖는 의미로 쓰이기도 해요. 타고난 성격이 잘못되었다는 것이 아니라 지금 상황을 대하는 태도를 지적하는 의미입니다. 조금 더 여유로운 태도로 마음을 봐달라는 하소연이죠.

MBTI에 대한 기본 배경지식과 대화 맥락을 모두 확인해야 적절한 대화가 가능합니다. 요즘에는 자기소개를 할 때도 "나 INFP야"라는 짧은 단어로 많은 상황을 설명하기도 해요. 아는 사람은 '아하! 그런 성격이구나!'라고 짐작하지만, 모르면 당황스럽죠. 이런 대화에서는 배경지식이 정말 중요합니다.

역대급 메기 등장

사전에는 없지만 비유적으로 많이 쓰이는 표현들이 있어요. 일상생활에서나 미디어에서 자주 볼 수 있는 표현들이 궁금했던 적 있나요?

요즘 연애 예능 프로그램이 인기죠. 그때 빠지지 않고 나오는 말이 '메기'입니다. 홍보 예고편에서도 '역대급 메기남, 메기녀 등장'과 같은 말을 자주 볼 수 있어요. 댓글에는 참가자들이 메기를 닮았다는 거냐고, 무슨 뜻이냐고 묻는 질문도 있습니다.

여기서 '메기'는 보통 프로그램 중간에 들어오는 참가자를 이야기해요. 새로 누군가 오면 기존에 있던 참가자들은 조금 긴장하게 됩니다. 안정된 분위기를 깨고 새로운 경쟁 흐름이 만들어지니까요. 그 재미로 많은 프로그램이 이런 방식으로 진행해요.

왜 '메기'가 이런 의미를 갖게 되었을까요? 실제로 역사적 유래가 있어요. 노르웨이 어부들이 청어라는 물고기를 잡아 시장으로 운반하는데, 이동 시간이 길다 보니 힘을 잃고 죽는 물고기가 많았어요. 그래서 어떻게 싱싱한 상태로 물고기를 가져갈 수 있을지 고민했죠.

여러 가지 방법 중, 청어를 잡아먹는 메기를 수조 안에 함께 넣고 이동했더니 전체적으로 청어들이 활기찬 상태를 유지했다고 해요. 메기에게 잡아먹히지 않으려고 이리저리 움직이다 보니 건강하게 살아남게 된 겁니다.

이와 마찬가지로 미꾸라지들이 살고 있는 연못에 메기를 풀어놓으면 미꾸라지들이 더 건강하게 살게 된다는 말도 있어요. 메기에게 잡아먹히지 않으려고 더 많이 먹고 더 열심히 헤엄치는 겁니다. 이렇게 경쟁과 생존력을 촉진하는 과정을 '메기 효과'라고 불러요.

누군가는 포식자 때문에 스트레스받은 물고기들은 생존률이 떨어진다고도 합니다. 하지만 과학적으로 입증된 내용은 아니더라도, 이 '메기 효과'는 다양한 곳에서 활용되고 있어요.

우선 '메기'가 제대로 된 역할을 하는지 확인해야 합니다. 기존 판을 뒤흔들 수 있어야 하니까요. 그래서 메기 투입 이전과 이후가 어떻게 달라지는지 비교해서 보는 것도 재밌어요. 그 역할을 충분히 하면 '역대급 메기남'이란 칭호를 얻고, 그렇지 못하면 중간에 들어와 적응하지 못하는 존재감 없는 캐릭터가 됩니다. 이제 알고 프로그램을 보면 더 흥미로울 거예요.

'악어의 눈물'이란 표현도 많이 쓰입니다. 특히 크리에이터들이 잘못을 저지르고 사과 방송을 할 때, 댓글에서 자주 볼 수 있어요. 맥락상 '거짓 눈물' 정도의 의미가 떠오르죠?

악어는 먹이를 먹을 때 눈물을 흘린다고 해요. 뭔가 미안하고 슬퍼서 운다고 생각할 수 있지만 큰 오해입니다. 먹이를 삼키기 좋게 입 안에 수분을 보충하는 과정에서 함께 나오는 눈물이니, 더 잘 먹기 위한 눈물이죠. 이런 비유적 표현의 유래에 호기심을 가지면 따라오는 지식도 얻을 수 있습니다.

인생에서 가장 시원한 여름

단어에 담긴 배경지식을 넘어 전반적인 상황을 이해해야 할 때가 있어요. 뜨거운 여름날, 만화의 한 장면이 SNS에서 화제가 되었어요. 뉴스에서도 매번 '역대급 더위'라는 말이 나오고 있어서 더 공감이 가는 순간이었어요.

아이: (지친 표정으로) 내 인생 가장 더운 여름이야.

아빠: 네 남은 인생에서 가장 시원한 여름일 거야.

대화만 보면 아빠가 아이의 말을 부정하는 것처럼 들립니다. 공감받지 못해서 조금 기분 나쁠 수도 있어요. 보통 아이들이 덥다고 하면, "내년에는 좀 덜 더울 거야", "이제 좀 더 시원할 거야!"라며 희망차게 대답해줄 수도 있는데 말이죠.

아빠가 하고 싶은 말은 결국 앞으로는 오늘보다 더 더워질 거라는 이야기입니다. 그러니 시간 흐름 속에서는 오늘이 상대적으로 시원하다는 의미죠. 그런데 어떻게 오지도 않은 미래에 대해 확신에 찬 말투로 이야기할까요?

바로 기후 위기에 대한 배경지식 때문입니다. 지구 온난화로 인한 환경 문제 때문에 앞으로 폭염을 더 자주 맞이할 거라는 이야기예요. 이 배경지식이 공유된 상태에서는 "아! 그렇겠네요"라고 바로 이해하고 공감하게 됩니다. **대화의 많은 부분을 배경지식이 채워주는 경우에는 맥락 파악이 결국 배경지식에 대한 공유랍니다.**

이 배경지식이 없는 상황에서는 무슨 말인지 이해하기 힘들수 있어요. 그때는 "왜 그렇게 생각하세요?"라고 다시 물으면 돼요. 이렇게 새로운 배경지식을 쌓아가면 됩니다. 기존에 가지고 있던 배경지식과 차이가 있으면 그 지점을 고쳐 나가며 새로운 배경지식을 쌓는 깊은 대화도 가능해요.

사건의 지평선

일상 속에서 얻은 지식들은 삶에서 다양한 영향을 미칩니다. 들었을 때 이해도를 높여주기도 하고, 말했을 때 더 정확한 전달을 하게 해줘요. 특히 예술가들은 이를 바탕으로 새로운 창작물을 만들기도 하죠.

SNS에서 대학 축제 공연 영상이 화제가 되면서 역주행한 노래가 있어요. 윤하의 〈사건의 지평선〉입니다. 노래 제목인 '사건의 지평선'이 도대체 무엇일까요?

사건의 지평선(Event Horizon)은 넓은 과학적 개념으로 사건의 명확한 경계를 의미해요. 쉬운 예를 들어볼게요. 절벽의 끝까지 가도 안 떨어지는데, 딱 순간의 경계선을 넘으면 확 떨어집니다. 사건이 일어나기 전과 후, 큰 차이가 생기는 경계선이 있어요.

우주과학으로 접근해서 블랙홀을 예로 들어요. 안에서 일어난 사건이 밖에는 아무 영향도 미치지 않는 경계면을 의미합니다. 이 사건의 지평선 경계 안, 블랙홀로 넘어간 일은 관측이 불가능합니다. 시간과 공간의 축이 다르기 때문에 외부 세계와 어떠한 영향도 주고받지 않아요. 완전한 단절을 의미합니다.

실제로 과학을 좋아하는 가수 윤하는 〈오르트 구름〉, 〈혜성〉, 〈살별〉 등의 과학적 소재와 관련된 노래를 많이 불렀습니다. 특히 윤하는 '사건의 지평선'을 다룬 과학 콘텐츠를 보고 울컥했고, 이 노래는 그것에 영감을 받았다고 이야기하기도 했어요.

이 개념을 알고 〈사건의 지평선〉 가사를 보면 사랑과 이별의 노래가 조금 다르게 느껴져요.

저기, 사라진 별의 자리

아스라이 하얀 빛

한동안은 꺼내 볼 수 있을 거야

아낌없이 반짝인 시간은

조금씩 옅어져 가더라도

너와 내 맘에 살아 숨 쉴 테니

여긴, 서로의 끝이 아닌

새로운 길모퉁이

익숙함에 진심을 속이지 말자

하나둘 추억이 떠오르면

많이 많이 그리워할 거야

고마웠어요 그래도 이제는

사건의 지평선 너머로

솔직히 두렵기도 하지만

노력은 우리에게 정답이 아니라서

마지막 선물은 **산뜻한 안녕**

'추억', '마지막 선물', '안녕' 등의 가사를 통해 이별 노래임을 짐작할 수 있어요. 이별 형태는 다양합니다. 헤어진 후에도 곁에 머무르며 좋은 친구로 지내기도 하고, '두 번 다시 만나지 말자!'라고 직접적으로 선을 긋기도 하죠. 지금은 헤어지지만 또 다른 곳에서 인연을 이어가자고 호소하는 애틋한 이별도 있습니다. 이 노래의 주인공은 어떤 이별을 원하나요?

몇몇 가사에서 굉장히 애틋한 마음이 느껴지지만, 결국 '사건의 지평선 너머로' 이별을 선포해요. 이어져왔던 선이 뚝 끊어졌다고 표현하기도 하죠. 다시 이어 붙일 수 없습니다. 감정이 돌이킬 수 없는 경계선을 넘은 상태이기 때문에 단호한 이별 관계예요. 또 다른 세상을 살아가는 사람처럼 거리를 두는 겁니다.

현실로 돌아오면, 이별 후에도 SNS를 몰래 살펴보거나, 카톡 프로필을 주기적으로 살펴보거나, 심지어는 가끔 실수인 척 문자를 보내는 그런 관계가 아닌 거예요. 바로 차단하고 산뜻한 안녕을 건네며 또 다른 시작을 응원합니다.

이런 과학적 배경지식과 상징을 생각하며 가사를 보면 감상의 깊이가 달라집니다. 좋아하는 노래의 가사, 뮤직비디오를 다시 한번 천천히 탐구해보세요. 짧은 생각에 그치지 않고 조금 더 깊은 생각, 긴 호흡의 생각으로 빠지는 즐거움을 느낄 수 있을 거예요.

노키즈존

카페나 식당 입구에 '노키즈존'이라고 쓰여 있는 것을 본 적 있나요? 어린이 출입을 제한하거나 금지하는 공간인 노키즈존(No Kids Zone)은 항상 뜨거운 논란의 주제입니다. 누구나 관련된 경험을 가지고 있을 거예요. 자신만의 경험은 소중한 배경지식이 됩니다. 책과 영화를 감상할 때 자주 꺼낼수록 작품에 몰입도 잘 되고, 주제에 대한 이해도도 높아져요.

유튜브 채널 '슬기로운 초등생활'에 나온 단편영화를 소개할게요. 담당 선생님과 초등학생들이 직접 연출하고 연기한 작품이라 더 흥미롭습니다. 영화에서는 학교 여름카페가 개설되고, 이 카페의 규칙을 정하기 위해 학생 회의가 열리는 장면입니다.

회장: 지금부터 학교 카페의 규칙 선정에 대한 의견을 주시기 바랍니다.

학생 1: 저는 1, 2학년들은 출입을 금지하면 좋겠습니다.

학생 2: 맞아. 2학년들은 맨날 뛰고 넘어져서 음료 다 쏟고 다칠걸!

학생 1: 그럼 노 1, 2학년 존으로 하면 되겠네.

학생 3: 학교 카페면 학생 모두가 이용할 수 있어야지!

학생 1: 어른들도 노키즈존 하는데 뭐.

학생 3: 너희도 1, 2학년일 때가 있었잖아. 이건 너무해!

이 장면에서 문득 생각해봅니다. 노키즈존의 '키즈'는 몇 살까지를 의미할까요? 초등학생들과 직접 토론을 해보았어요. 초등학교 입학 전까지, 초등 2학년까지, 초등 4학년까지, 중학교 입학 전까지… 정말 다양한 의견이 나왔어요.

실제로 많은 가게들도 업종에 따라서 연령대를 다르게 설정해요. 상황에 따라 8세 이하, 13세 이하 다 다릅니다. 그러니 '노키즈존' 가게 중에서도 어느 가게에서는 '키즈'라고 제한당하고, 다른 가게에서는 '키즈'가 아니라고 허용될 수 있는 상황이죠.

이런 사회적 현상에 대해 질문하는 건 좋은 습관입니다. 많은 학생들이 자신은 차별당하지 않을 나이를 많이 선택했어요. 스스로 조절할 수 있다고 생각하는 것도 흥미로운 부분이지요.

개인의 경험과 연결 짓기

개구리가 올챙이 적 생각 못한다

'노키즈존'에 대한 경험을 물었더니 많은 친구들이 노키즈존 때문에 피해를 본 경험을 꺼냈어요. 대표적으로 유명한 음식점이나 카페에 갔을 때, 입장을 거절당한 일이에요.

한 학생은 맛집으로 유명한 가게 앞에서 오랜 시간 줄을 서서 기다리다가 겨우 들어가려고 했는데 거절당했다며 분한 마음을 드러냈어요. "왜 줄 서 있는 유명한 곳들은 다 노키즈존이에요?", "손님이 많으면 좋은 거 아닌가요? 왜 못 오게 해요?"라고 정말 궁금하다는 말투로 물은 학생도 있었지요.

말 그대로 가게는 손님이 많으면 좋을 텐데, 왜 굳이 아이들을 못 오게 할까요? 정하는 이유는 여러 가지입니다. 아이들 안전을 위해서, 통제가 되지 않는 아이들로 인해 다른 손님들이 피해를 보기 때문에, 주변 인테리어나 소품을 망가뜨리는 경우가 있어서 등이 있어요. 이런저런 이유로 가게 사장님들은 몇몇 손님을 받지 못하더라도 노키즈존이란 결정을 합니다.

초등학생 중에서는 본인이 직접 거부당한 경험을 선명히 갖고 있었고, 중학생들은 동생이 어려서 안 되는 경험들을 많이 이야기했어요. 가족은 함께 움직이니까 다 같이 부정적인 경험을 합니다. 안타까운 일이었죠.

대부분 소수의 말썽꾸러기들 때문에 왜 피해를 봐야 하는지 모르겠다는 이야기를 했어요. 그럼 '학생 3'의 이야기에 공감하며 영화를 봤을 겁니다. 어른들한테도 "어린이였던 적 있었잖아요!"라고 소리칠 수 있겠네요. 이때 떠오르는 속담이 '개구리가 올챙이 적 생각 못한다'입니다. 누구나 어린 시절이 있으니까요.

이렇게 피해를 본 경험이 있으니 대부분 학생들이 노키즈존을 반대할 것이라 생각했는데, 꼭 그렇지도 않았습니다. 꽤 많은 학생들이 찬성했어요. 그 이유들을 살펴볼게요.

우선 가족이 가게를 운영하는 경우, 사장님 마음으로 접근했어요. 말썽 피우는 몇몇 어린이들 때문에 마음고생하시는 부모님을 보면서 노키즈존을 긍정하게 된 거예요.

또 한 학생은 강아지를 정말 좋아해서 애견카페에 갔었다고 해요. 거기서 어린이들이 강아지들을 함부로 대하는 장면을 보고 너무 화가 나서 어른들 마음을 이해하게 되었다고 했어요.

노〇〇〇존

'노시니어존(No Senior Zone)'이란 말을 들어보았나요? 여기서 시니어는 노인분들을 이야기합니다. '50세 이상 출입금지', '60세 이상 출입금지' 등 기준은 다양하지만 나이가 많은 분들의 출입을 제한하는 상황이에요.

이번에도 똑같은 질문이 생깁니다. 가게는 손님이 많으면 좋은데, 왜 굳이 어른들을 못 오게 할까요? 아이들이야 통제하기 힘들다는 이유라도 있지만, 도대체 어른들은 왜 못 오게 막을까요?

캠핑장이나 헬스장에서는 안전 문제를 이야기하며 금지합니다. 또 카페나 음식점은 가게 분위기 조성을 위해서라고 해요. 심지어 한 박람회는 무리한 요구를 하는 어르신들과의 갈등이 심해서 미리 차단한다고 말하기도 했어요. 이유는 정말 다양하죠.

여기서 변형되어 한 대학교 근처 가게에는 '노교수존'이란 안내판도 붙었어요. 교수님들이 없어야 학생들이 자유롭게 학교 이야기를 할 수 있다는 거죠. 또 많은 스터디카페는 학습 분위기를 조성한다며 등록할 수 있는 나이를 제한하기도 해요.

'노초등학생존', '노중학생존'입니다. '노(No)'는 어디에도 붙을 수 있습니다. 누구나 차별의 대상이 될 수 있어요.

이에 대해서도 '가게 사장님 마음이다'라고 말하는 학생들이 있었고, 손님들도 원하는 분위기가 있으니까 맞추어 찾아가기 위한 명확한 안내판이 된다는 의견도 있었어요. 분위기가 맞지 않으면 피해서 다른 가게 가면 되니까요. 나아가서 어른들도 당하니 쌤통이라는 표현도 나왔습니다. 씁쓸하네요.

또 '이런 분위기가 걱정된다'며 부정적으로 반응하는 학생들도 있었어요. 가게마다 누구를 금지하는 건 아닌지, 그 대상이 나인 건 아닌지 확인하는 것도 피곤한 일이라고요. 그리고 금지당한 입장에서 분명히 기분이 좋지 않다는 경험담도 덧붙였어요.

이러한 금지와 차별 문제는 좀 더 깊이 고민해야 할 사회적 문제입니다. 누군가의 자유를 제한하는 것은 위험한 일이에요. 사장님의 자유와 손님의 자유, 아이들 자유와 어른들의 자유 등 앞으로 맞이할 수많은 차별과 편견에 대해 지속적으로 고민해야 합니다.

전과자랑 친해져요

배경지식은 결국 보고, 듣고, 읽고, 경험하는 활동에서 시작됩니다. 학생들이 즐겨 보는 유튜브부터 웹툰, 학습만화, 실제 경험까지 다양한 방법을 알아볼게요.

우선 유튜브! 사소해서 물어보지 못했지만 궁금했던 이야기들을 알려주는 채널 '사물궁이 잡학지식'을 우선 추천해요. 저 또한 하늘로 총을 쏘면, 그 총알이 언젠가는 떨어져서 누군가 맞지 않을까? 이런 궁금증을 가진 적이 있었는데, 영상으로 제작되어 흥미로웠어요. 이를 통해 중력에 대해 좀 더 자세히 알 수 있었습니다. 과학적 배경지식을 조금 쌓은 거죠.

그리고 일반 교양 콘텐츠를 알려주는 B급 지식채널 '교양만두'도 유익하고 재밌어요. 특히 역사 분야 영상들이 인기가 많은데요. 실제 조선 왕들의 사생활, 위인전 속 위인들의 실생활 모습과 관련된 영상이 특히 흥미로웠습니다. 이로써 역사적 인물들에 대한 배경지식이 입체적으로 쌓였어요.

여러분 K-Pop 좋아하나요? 인기 많은 K-Pop 뮤직비디오와 가사에 담긴 의미를 해석해주는 '김일오 15KIM' 채널도 추천해요. '케이팝 채널인 척하는 교양 채널'이라는 소개글답게 뮤직비디오 속 여러 상징의 의미를 파헤치며 지식도 쌓을 수 있어요.

다양한 진로 경험 지식을 쌓는 '전과자'라는 채널도 있어요. 여기서의 '전과'는 범죄를 저지른 기록이 아니라, 대학교 과를 옮긴다는 의미랍니다. 다양한 대학교 전공을 탐방하고, 관련 진로에 대해서도 알아볼 수 있어요. 빠르게 변하는 시대에 맞게 다양한 대학 전공들이 새로 생기고 융합되는 현실에서 그러한 진로 트렌드를 파악하기 좋아 강력 추천해요.

다음은 오랜 역사와 전통을 자랑하는 'EBS 지식채널e'입니다. 의미 있는 5분을 통해 사회, 인문, 과학, 예술 다양한 분야의 지식을 알차게 전달해줍니다. 저는 영화 〈인사이드 아웃 2〉를 바탕으로 청소년기 심리 변화를 뇌과학적으로 알려준 영상이 오래 기억에 남아요. 청소년 시기가 불안한 이유에 대해 궁금하다면 꼭 챙겨보세요.

다음은 만화! 어려서부터 'Why?'나 'Who?', '마법천자문' 같은 학습만화 시리즈를 많이 본 학생들도 있을 거예요. 만화라는 형식을 빌려서 재미있게 배경지식을 쌓을 수 있으니 잘 활용하면 좋아요. 대신 그림만 보지 말고 꼭 글자로 나온 정보도 함께 읽어야 합니다.

『설민석의 삼국지 대모험』, 『정재승의 인류 탐험 보고서』, 『채사장의 지대넓얕』 등은 베스트셀러 작가님들이 참여해서 더 의미 있는 시리즈입니다. 역사, 과학, 인문 교양 내용을 학생들 눈높이에 맞게 구성했거든요.

그리고 세계고전문학을 읽기는 해야겠는데, 어려울 때가 있죠. 그럴 때는 '서울대 인문 고전' 시리즈를 먼저 읽는 방법도 추천합니다. 만화와 스토리가 잘 어우러져 흥미롭게 읽을 수 있고, 중간중간 생각거리와 해설도 담겨 있어 좋은 가이드가 됩니다. 대신 이렇게 배경지식을 쌓은 후에는 글자가 중심인 책에 꼭 도전해야 더 의미 있습니다.

웹툰 중에서도 배경지식을 쌓을 수 있는 작품들이 있어요. 대표적으로 '조선왕조실톡', '삼국지톡'은 역사적 지식을 현대적으로 습득할 수 있어 인기 많은 작품이에요. '노곤하개'는 강아지들과 함께하는 일상을 그리는 웹툰인데 자연스럽게 반려동물에 대한 지식을 쌓을 수 있습니다. 또 질병관리청에서 캠페인으로 제작한 성교육 만화 'ㅋㄷㅋㄷ만화'도 추천합니다. 다양한 작가님들의 그림체와 함께 자연스럽게 유익한 정보를 얻을 수 있어요.

마지막으로 소중한 직접 경험! 앞서 말했듯, 남동생이 미에로화이바를 직접 먹어보았다면 심부름을 하는 데 힘들지 않았을 거예요. 직접 경험한 것들은 몸과 마음, 머리에 오래 남기 때문입니다. 그래서 궁궐 유적지로 역사 탐방도 가고, 우주 천문학관으로 견학도 가고, 동물원에서 살아 있는 동물들을 만나고 경험하는 거예요.

지금은 많은 미디어를 통해 대리 경험을 할 수 있는 시대입니다. AR/VR 같은 기술은 더 실감 나는 체험을 가능하게 하죠. 증강현실을 활용한 동물원도 있어요. 이렇게 책을 포함한 미디어에서 얻는 간접 경험도 유익합니다.

하지만 실제로 동물원에서 동물을 보는 것과는 분명히 차이가 있어요. 몸으로 겪는 직접 경험은 굉장히 소중한 자산으로 쌓여요. 그러니 시간 아깝다고 생각하거나 귀찮아하지 말고 많은 것을 직접 만지고 부딪치며 생생하게 느껴보세요.

이렇게 직접 경험한 내용을 책이나 영화로 만났을 때 그 이해도가 훨씬 높아집니다. 반대로 미디어로 경험한 내용을 직접 다시 경험했을 때도 마찬가지죠. 직접 경험과 간접 경험이 서로 도와 좋은 영향을 미치니 둘 다 놓치지 마세요.

매듭짓기 이것만은 꼭!

1. 글과 관련한 배경지식을 최대한 꺼내기

2. 생활 상식 및 표현의 유래, 사회적 이슈에 호기심 갖기

3. 배경지식을 적극 공유하고 활용하여 더 깊게 이해하기

4. 본인의 일상 경험과 연결지어 생각하기

5. 유익한 유튜브 영상, 만화, 직접 경험으로 배경지식 쌓기

모르는 것은 추론한다

범재 vs 천재

　웹툰을 보다 모르는 단어를 접한 적이 있나요? 그럴 때 어떻게 하나요? 그냥 넘어가면 이해가 잘 안 되고, 사전에 검색하자니 귀찮아요. 그럴 때는 주변 단서를 최대한 활용하고 앞뒤 맥락을 바탕으로 우선 추론해보세요.

　복싱을 다룬 스포츠 웹툰 '더 복서'를 보다 흥미로운 댓글을 읽었어요. 작가님이 주인공 이름을 잘못 적었다고, 수정해달라고 요청하는 글이었습니다. 제가 읽었을 때는 따로 어색한 점이 없었는데 무슨 문제인가 싶어서 다시 봤어요.

> 인재: 범재는 그 무기를 두 손에 쥐고 천재와 맞서는 것이다! 무식한 방법
> 　　　이긴 하지만 그것이 평범한 사람이 가질 수 있는 최고의 무기!
> 댓글: 작가님, 주인공 이름 잘못 나왔어요. 범재가 아니라 인재입니다.

　작품에서 주인공 이름이 '인재'인데 '범재'라고 잘못 썼다는

말이었어요. 이 댓글의 작성자는 '범재'라는 단어의 의미를 몰랐던 거죠. 그 상황에서 주인공 이름과 비슷하니 충분히 헷갈릴 수 있습니다. '범재'가 주인공을 상징하는 단어이긴 하니까요.

단어의 정확한 뜻을 몰라도 문맥상 추론할 수 있어요. 웹툰 스토리상 평범하지만 꾸준히 노력하는 주인공과 천재적인 재능을 가지고 링 위에 서는 다른 선수들의 대결이 많이 그려집니다. 여기서 '범재'는 뒤에 나오는 '천재'와 맞서고 대립하는 존재죠. 뒷부분에 '평범한 사람'이라는 말도 나옵니다. 이 둘은 중요한 단서예요.

범재(凡才)는 '무릇, 보통 범(凡)'과 '재주, 재능 재(才)'가 더해진 말로 평범한 재주를 가진 사람이란 뜻이에요. 예문을 만들어 보면 "나 같은 범재도 노력하면 성공할 수 있어!", "지금은 모두에게 잘 협력하는 범재가 필요해!", "부지런한 범재가 부지런하지 못한 천재보다 낫다" 등이 있어요. 자주 나오는 한자어이니 꼭 알아두세요.

엄마, 아빠 미안해

오랫동안 습관적으로 쓰이며 단어의 원래 뜻과는 다른 뜻으로 굳어져 활용되는 표현을 관용 표현이라고 해요. 대표적으로 속담이 있는데, 문화적 맥락을 담고 있는 독특한 표현들이 많습니다. 그래서 개별 단어의 사전적 의미보다 문맥을 파악해서 이해해야 해요.

넥슨의 '서든어택'이란 슈팅게임에서 만든 광고가 화제가 되었습니다. '엄마, 아빠, 미안해'라는 제목의 이 영상은 재치있는 표현과 함께 건강한 메시지를 담고 있어요.

서든어택 광고

PC방에서 아영이는 게임을 하고 있는데, 함께하는 원훈이의 플레이가 마음에 들지 않습니다. "아놔! 게임 진짜 못하네!"라고 내뱉으며 채팅창에 여러 가지 말을 써넣습니다. 그때 원훈이 어머님이 등장하시고 웃으며 대답합니다.

"늘 아줌마 안부를 묻는다지? 고마워. 덕분에 잘 지내고 있어. 원훈이 낳고 아줌마가 미역국은 챙겨 먹었는지 걱정 많이 했다며? 아줌마, 미역국 두

그릇이나 먹었어."

아영이는 "그게 아니라….." 말을 끝맺지 못해요. 마찬가지로 PC방에서 원훈이도 아영이 플레이가 마음에 들지 않아 거친 말을 내뱉습니다. "아! 게임 발로 하나!" 그리고 채팅창에도 "님네 아버지 계산하기 싫어서 신발끈 묶음"이라며 부모님 안부를 걱정해요. 그때 아영이 아버님이 따뜻한 표정과 함께 등장합니다.

"원훈이가 아저씨한테 오해가 좀 있는 것 같아. 정말 신발끈이 풀려서 그랬어. 허허."

그리고 여러 가지 오해에 대해 해명하고 원훈 학생에게 용돈까지 줍니다. 원훈이도 "그… 제가 농담한 건데…"라고 말하며 용돈에 대한 감사 인사를 더해요. 그리고 원훈이 어머니와 아영이 아버지가 만나 인사를 나누며 "우리 애들이 참 효자예요? 그죠?" 하고 영상이 마무리됩니다.

이 영상에 나오는 말들은 관용 표현으로서 숨은 의미를 가지고 있는데, 의도와 다르게 반응하는 부분이 웃음 포인트입니다. '게임할 때 나쁜 말을 하지 마라'라고 직접적으로 말하지 않고 재미있는 상황을 연출해 메시지를 전달해요.

이 의미를 제대로 이해하기 위해서는 상황과 맥락을 잘 파

악해야 합니다. 이 광고를 보고도 무슨 의미인지 몰라서 제대로 웃지 못하는 학생들이 있다면 관용 표현을 이해하지 못하기 때문이에요.

미역국을 먹다

많은 학생들이 광고에서 낯설어하는 의미 중 하나가 '미역국'입니다. '생일' 하면 떠오르는 음식이 무엇인가요? 미역국이에요. "원훈이 낳고 미역국은 잘 챙겨 먹었나요?"는 정말 미역국을 몇 그릇 먹었는지, 궁금한 것이 아니죠. 우리가 생일날 미역국을 먹으며 탄생을 축하하는 문화적 의미를 생각해보세요. 미역국을 먹지 않았다는 건 축하받지 못한 탄생을 뜻해요. "왜 태어났니~ 왜 태어났니~"라고 노래 부르며 친구 놀리던 기억이 떠오르네요.

어느 학생은 "생일날 케이크 먹지, 왜 미역국을 먹어요? 먹은 적 없는데"라고 반응하기도 해요. 미역국은 영양가 높은 음식으로 생일날 먹으며 건강하게 오래 잘 살라는 의미를 전해요. 요즘은 생일날 미역국을 안 먹는 사람들도 있다고 하지만, 그 문화적 의미는 알고 있어야 합니다. 그래야 맥락상 어떤 의미인지, 제작자의 의도를 이해할 수 있으니까요.

여기서 끝이 아니에요. 시험을 보기 전에 먹으면 안 되는 음식이 무엇일까요? 바로 미역국입니다. 미역국을 먹는다는 말에는 '시험에서 떨어지다', '직위에서 떨려나가다', '퇴짜를 맞다'라는 의미도 있거든요. 미역국의 미역이 미끌미끌해서 그럴까요? 어쩌다 이런 뜻을 갖게 되었을까요? 여기에도 역사적인 유래가 있어요.

아이를 낳으면 산모 건강을 위해 미역국을 먹는 풍속은 오래전부터 이어져왔어요. 아이를 낳는다는 말을 한자로 해산(解産)이라고 하지요. 그런데 일제 침략자들로 인해 1907년 조선 군대가 강제로 흩어지며 해산(解散)되고 맙니다. 굉장히 굴욕적인 순간이었어요.

그때 '해산'이 소리가 같다는 이유로 '미역국을 먹는 행위'와 '강제로 흩어짐'의 의미가 연결되어 사람들이 부정적으로 인식하며 피하기 시작했어요. 그래서 지금은 '미역국을 먹다'가 실패, 탈락, 떨어짐의 의미도 갖게 되었죠. 좋은 일과 나쁜 일을 모두 의미하니, 참 묘하죠?

상황 떠올리기

신발끈을 묶다

학생들이 광고를 보면서 이해하지 못하는 부분 중 하나가 '신발끈을 묶는다'라는 표현이에요. 계산하기 싫은데 왜 신발끈을 묶을까요? 상황을 떠올려봅니다.

함께 밥을 다 먹고 계산하기 위해 계산대에 갑니다. 누가 계산을 할지 애매한 상황들이 있죠. 그럴 때 그냥 먼저 계산대에 도착하면 자연스럽게 밥값을 결제하곤 해요. 이때 신발끈을 묶고 있으면 다른 사람들이 계산대에 먼저 가게 되겠죠. 그래서 계산대에 늦게 가려고 천천히 움직이는 모습을 나타냅니다. 갑자기 화장실을 간다거나, 지갑을 놓고 온 척 주머니를 뒤지는 행위도 다 포함돼요.

그러니 원훈이의 "계산하기 싫어서 신발끈 묶음"이란 표현은 밥 같이 먹고도 밥값 내기 싫어서 얌체같이 구는 모습을 흉보는 말이 됩니다. 진짜 돈이 없어서 계산하기 싫을 수도 있고, 돈이 충분히 있는데 쪼잔해서 그럴 수도 있죠.

여기서 아영이 아버지는 "진짜 신발끈이 풀려서 묶은 거다! 계산하기 싫어서 그런 게 아니다!"라고 강하게 반박합니다. 진실은 본인만 알겠죠? 지금은 키오스크로 먼저 주문하는 경우도 많고, 테이블에서 바로 결제하기도 하니, 이 방법이 점점 통하지 않겠네요.

이와 다르게 '신발끈을 묶다'는 긍정적인 의미로도 사용됩니다. 신발끈이 풀어지면 어떤가요? 걸을 때 방해가 되고 불편합니다. 심지어 신발이 벗겨지거나 끈을 밟고 넘어질 수도 있어요. 이런 상황을 대비하기 위해서는 신발끈을 잘 묶어야 해요.

저는 축구 경기를 뛰기 전에 꼭 운동화 끈을 다시 한번 강하게 묶어요. 경기에 몰입하고 더 좋은 결과를 만들기 위해 마음을 다잡는 행위입니다. 달리기 전이나 산에 오를 때 꼭 확인하는 것도 신발끈이죠. 그래서 '신발끈을 묶다'는 목표를 향해 나아가기 위해 힘차게 준비하는 태도를 의미해요.

또 '오이 밭에서 신발끈을 고쳐 매지 말아라'라는 말이 있습니다. 오이 밭에서 몸을 숙여 신발끈을 묶으면 오이 도둑으로 오해받을 수 있으니, 행동을 조심하라는 뜻이에요. 요즘 말로 하면 '무인 가게에서 주머니에 손 넣지 말아라'라는 의미입니다. 정말 다르죠? 상황과 맥락에 따라 어떤 뜻으로 쓰이는지 확인해야 합니다.

비유적 의미 이해하기

녹스는 것보다 닳아 없어지는 게 낫다

조금 어려운 관용 표현을 살펴볼게요. 성장과 동기부여 메시지로 많이 활용되는 표현으로 '녹스는 것보다 닳아 없어지는 게 낫다'라는 말이 있습니다. 이 표현이 무슨 뜻인지 학생들과 추론하는 시간을 가졌어요.

1. 정신적인 것보다 육체적인 게 낫다.
2. 고정된 모습보다 다양한 모습이 좋다.
3. 실패를 해봐야 성공할 수 있다.

다양한 의견이 나왔는데, 이 중에서 흥미로운 해석이 있었어요. "'녹스는 것'은 모양은 변하지 않고 겉모습만 조금 달라지는데, '닳는 것'은 모양 자체가 달라진다. 이 차이점을 바탕으로 다양한 모습의 변화를 긍정적으로 보는 것 같다." 이것도 그럴듯하죠?

우선 '녹슬다'와 '닳다'를 정확히 알아보고 둘의 차이점을 생각해봅시다. '녹슬다'를 사전에 검색하면 이렇게 나와요.

녹슬다

1. 쇠붙이가 산화하여 빛이 변하다.
2. (비유적으로) 오랫동안 쓰지 않고 버려두어 낡거나 무디어지다.

실제로 사용하지 않고 내버려두었을 때 쇠붙이가 더 잘 녹스는 것을 볼 수 있죠. 다음 '닳다'를 사전에 검색해보았어요.

닳다

1. 갈리거나 오래 쓰여서 어떤 물건이 낡아지거나, 그 물건의 길이, 두께, 크기 따위가 줄어들다.
2. 액체 따위가 졸아들다.
3. 피부가 얼어서 붉어지다.

지우개를 많이 쓰면 금방 닳고 작아지듯이, 자주 쓰일수록 더 빨리 닳게 됩니다.

　쇠로 된 농기구가 두 개 있다고 생각해보세요. 첫 번째 농기구는 오랫동안 창고에만 있다가 녹슬어서 버렸어요. 두 번째 농기구는 많이 사용해서 닳아 못쓰게 되어버렸어요. 결국 둘 다 수명이 다한 상황이에요. 첫 번째 농기구는 편하게 지내고, 두 번째 농기구는 고생을 많이 했다고 볼 수도 있어요. 그런데 왜 두 번째 농기구가 낫다고 할까요?

　요즘 '이불 밖은 위험해!', '집 나가면 고생'이라며 집 안에서만 얌전히 살아가는 사람들이 많이 있어요. 이들은 몸은 편할 수 있지만, 이것이 소극적인 삶의 자세라고 비판받기도 합니다. 경험의 폭이 확 줄어들 수밖에 없으니까요.

　어차피 인간은 모두 죽어요. 가만히 집에만 있다가 죽기보다 죽기 전에 좀 더 많이 경험하고 도전하는 역동적인 삶이 더 낫다고 이야기하는 거죠. 새로운 경험을 망설이는 사람들에게 큰 힘이 되는 말입니다.

밥 먹을 땐 개도 안 건드린다

　관용 표현은 오래된 습관과 같아요. 그래서 고정된 의미를 갖고 있지만, 상황에 따라 새로운 관점으로 보면 다양한 해석도 가능합니다.

국어 강사가 운영하는 유튜브 채널 '밍찌채널'에 '개 밥 vs 사람 밥'이라는 흥미로운 영상이 올라왔어요. '밥 먹을 땐 개도 안 건드린다'에 대한 해석 논란이 있다는 내용입니다. 넓게 보면 '밥 먹을 때는 조심해'라는 의미지만 자세히 보면 누가, 무엇을 조심해야 하는 건지 궁금해집니다. 영상에는 논란이 되는 두 가지 해석이 소개됩니다.

> **첫 번째 해석:** 밥 먹는 개를 건드리지 말아라! 아무리 하찮은 짐승일지라도 밥 먹는 중이니 건드리지 마!
>
> **두 번째 해석:** 밥 먹을 땐 개도 건드리지 않는다! 사람이 밥을 먹고 있을 때는 말 못 알아듣는 짐승도 건드리지 않는다!

댓글에서도 반응이 뜨거웠습니다. 10만 명 이상이 참여한 SNS 투표에 첫 번째 해석 56%, 두 번째 해석 44%로 막상막하의 결과가 나왔습니다.

결과적으로 이 속담이 생긴 시대적 배경을 생각하면 첫 번째 해석이 맞습니다. 제가 어렸을 때만 해도 할머니 집 마당에 강아지가 홀로 밥그릇을 놓고 밥을 먹고 있었고, 어르신들이 오가며 장난치곤 했어요. 그럼 할머니가 강아지가 밥을 먹도록 내버려두라는 의미로 속담을 활용하셨죠.

국립국어원에서도 '비록 하찮은 짐승일지라도 밥을 먹을 때에는 때리지 않는다는 뜻으로, 음식을 먹고 있을 때는 아무리 잘못한 것이 있더라도 때리거나 꾸짖지 말아야 한다는 말'이라고 했어요.

실제로 저도 강의 때마다 많은 사람들에게 이 속담에 대한 해석을 묻습니다. 그럼 확실히 학생들을 비롯한 젊은 사람들이 더 적극적으로 두 번째 해석에 반응합니다. 왜 그럴까요? 단순히 문해력 부족이라고 깎아내릴 수는 없어요. 언어는 사회를 반영하기 때문에 그 맥락을 고려해야 합니다.

결국 시대적 차이, 문화적 차이 때문입니다. 지금은 개를 집안에서 키우며 함께 먹고 자고 가족처럼 지내는 경우가 많아요. 그러다 보니 개가 나의 밥그릇을 건드리는 경험이 있고, 이를 바탕으로 이해하게 되죠.

만약 개의 지위(?)가 더 상승하고 많은 사람들이 두 번째 해석에 더 공감한다면 이 속담의 의미가 달라질 수도 있을까요? 시대의 변화에 따라 맞춤법이 달라지듯이 말이에요. 호기심을 갖고 지켜봐야겠습니다.

사공이 많으면 배가 산으로 간다

앞에서 관용 표현의 세부적인 해석이 나누어진 사례를 살펴봤다면, 이번에는 관용 표현을 전혀 다른 의미로 해석한 사례를 볼게요.

〈흑백요리사〉라는 요리 경연 서바이벌에서 팀을 만들어 경쟁하는 과제가 있었어요. 유명한 요리사들이 한 팀이 되어 음식을 만드는 과정에서 의견이 충돌하는 장면이 자주 나옵니다. 조금 각색해서 정리하면 이런 내용이에요.

A 요리사: 소스는 어떻게 하지?

B 요리사: 이걸 소스처럼 얹어주면 어떨까요?

C 요리사: 소스를 넣고 섞으실 거예요?

B 요리사: 네.

D 요리사: 그럼 맛이 너무….

B 요리사: 괜찮을 거예요.

A 요리사: 믿고 해보자.

D 요리사: 그건 아닌 거 같은데….

B 요리사: 우선 이대로 해보고.

D 요리사: 왜 소스가 되나요? 이게?

B 요리사: 부드럽게 먹으려고요.

D 요리사: 이미 다 부드럽잖아요.

A 요리사: 한번 맛을 보고 결정합시다.

이미 유명한 요리사들이기 때문에 각자의 주장이 강합니다. 이렇게 서로 의견을 표현하는 순간에도 시간은 지나가고 있죠. 이 영상의 제목은 '사공이 많으면 배가 산으로 간다'였어요.

사공은 배를 조종하는 사람이라고 할 수 있어요. 조종하는 사람이 많으면 서로 의견을 내세우다 길을 잃는 경우가 많아요. 특히 의견 차이가 클 경우에는 엉뚱한 방향으로 가게 될 수도 있어요. 서로 믿고 지지해주지는 못하면서 방해만 하기도 해요.

여기에서 '산'은 배가 있으면 안 되는 곳을 의미합니다. 배는 바다에 있어야 하는데 산으로 간다는 건 잘못된 방향으로 간다는 뜻이죠.

그런데 콘텐츠에 달린 댓글 중 이 표현이 좋은 뜻인 줄 알았다는 내용이 있었어요. 배가 산으로 갈 정도면 진짜 많은 힘이 필요한 일이니까요. 사람들이 모이면 무엇이든 해낼 수 있다는 의미로 생각했던 거예요. 듣고 보니 그럴듯하죠?

'산'을 어떻게 해석하느냐에 따라 달라집니다. 높은 곳이자 이루기 힘든 목표라고 생각하면 그 목표를 이루어낸 멋진 일이 돼요. 앞에서 잘못된 방향을 의미했던 것과 큰 차이가 있습니다. 물론 창의적인 생각은 칭찬해주고 싶어요.

하지만 관용 표현은 오랫동안 사용하면서 굳어진 표현이기 때문에 다른 방식으로 이해하면 상대방 의도를 잘못 파악할 수 있어요. 함부로 의미를 바꾸면 원활한 소통이 안 될 수 있으니 주의해야 합니다.

관용 표현은 없어지기도 하고, 새로 생기기도 합니다. 우리가 함께 만들어보는 것도 창의적인 학습법이에요. 이렇게 여러 사람의 갈등으로 방향을 잃는 상황에 맞는 관용 표현을 새로 만들어볼까요? 한 학생은 "개 다섯 마리 산책시키기"라고 했어요. 공원에서 여러 마리 개가 산책하는데 서로 가고 싶은 방향이 달라서 뒤엉킨 상황을 떠올렸어요. 흥미롭죠.

"하고 싶은 게 많아서 망친 조별 과제"라고 말한 친구도 있었어요. 서로 주장을 내세우다 보니까 조별 과제가 제대로 되지 않은 씁쓸한 상황입니다. 공감이 가네요. 이렇게 만든 관용 표현이 많은 사람들의 공감을 얻으면 오랜 시간 널리 쓰일 수도 있겠죠?

매듭짓기 이것만은 꼭!

1. 모르는 내용은 주변 단서를 활용해서 추론하기

2. 관용 표현이 쓰이는 상황과 맥락 떠올리기

3. 관용 표현 유래를 탐구하며 자세히 이해하기

4. 관용 표현의 입체적 의미, 비유적 의미 생각하기

5. 관용 표현을 창의적으로 만들어보기

도파민 쉼터

필사

- 천천히 따라 쓰기 -

도파민 자극에서 잠시 벗어나는 시간, 두 번째는 필사입니다. 필사는 글 속 문장을 직접 따라 쓰는 과정이에요. 공부할 때 교과서 속 중요한 내용을 옮겨 적은 적 있죠? 힘든 과정이지만 그렇게 옮겨 적다 보면 머릿속에 더 오래 남습니다.

손으로 따라 쓰는 과정이 힘들고 지칠 수 있어요. 의미 없는 시간 낭비처럼 느껴지기도 합니다. 하지만 조급함에서 벗어나 문장 자체에 몰입하는 경험은 소중해요. 속도는 느리지만 한 글자씩 눌러 쓰면서 마음의 안정을 찾을 수 있어요.

책을 읽다 보면 마음에 드는 문장을 만납니다. 그 문장을 그냥 지나치기 아쉬울 때 끄적끄적 적어보는 거예요. 그렇게 옮겨 적다 보면 마음속에도 새겨집니다. 글이 내면화가 되는 과정이에요.

책에서 찾지 않아도 좋아요. 마음에 남는 속담이나 명언, 드라마나 영화의 명대사도 괜찮습니다. 예쁜 글씨로 쓰지 않아도 되니, 천천히 따라 적습니다. 옮겨 쓰다 보면 글쓰기와도 가까워질 수 있어요.

한 중학교 사서 선생님께서 학생들이 필사한 내용을 모아 엮은 책을 선물로 주신 적이 있어요. 학생들은 공유하고 싶은 짧은 시나 명언을 옮겨 적고, 공유하고 싶은 이유도 덧붙였어요. 삐뚤빼뚤한 글씨도 많았지만, 진심이 묻어난 이야기들이 가득했습니다. 여러분도 나만의 필사집 한 권 만들어보는 건 어떨까요?

핵심을 파악하며 읽어요

읽기에도 단계가 있다

성질 급한 한국인은 25초부터

많은 사람들의 집중력이 짧아지고 있어요. 오랜 시간 참고 견디는 인내력이 약해지고 있습니다. 『도둑맞은 집중력』이란 책 제목에 많은 사람들이 공감하기도 했습니다. 특히 미디어 재생 시간도 점점 짧아지는데, 숏폼 영상의 1분도 견디기 힘들어 하는 사람들이 있어요.

tvN 예능 프로그램 〈유 퀴즈 온 더 블록〉에서 다이어트 비만 전문의를 모시고 이야기를 나누었어요. 그중 '아침에 하는 운동'과 '저녁에 하는 운동' 중 어느 쪽이 다이어트에 더 효과적인지 묻는 질문을 편집한 1분짜리 숏폼 영상이 많은 조회수를 얻었습니다.

> **사회자**: 이런 질문 어떻습니까. 저녁에 하는 운동보다 아침에 하는 운동이 더 좋다?
>
> **전문의**: 가만히 있어도 빠지는 열량을 기초 대사량이라고 해요. 체온 유

지, 생각, 심장 (⋯) 그게 나가는 에너지의 60에서 70퍼센트를 차지해요. (⋯) 운동을 하고 나면 하루 종일 이 기초 대사량이 높아지는 거예요. (⋯) 그래서 운동을 해놓으면 지방도 잘 타고 비만 조절에도 좋아요. 아침에 시간 내서 운동하시면 하루 종일 기초 대사량이 높아지고 여러 덕을 많이 보죠.

이 인터뷰를 보고 나면 다이어트에는 아침 운동이 저녁 운동보다 효과적이라는 사실을 알 수 있습니다. 하지만 댓글에는 영상이 지루하다며 투덜대는 목소리들이 많이 남아 있었어요.

'그래서 결론이⋯', '교수님 말이 너무 길어요⋯', '성질 급한 한국인은 25초부터 보세요' 등 1분을 버티지 못하고 댓글에 답답함을 호소했어요. 왜 아침 운동이 효과적인지에 대한 근거, 기초 대사량과의 관계를 설명하는 내용은 귀에 들어오지 않는 거죠.

글이 조금만 길어도 "누가 3줄 요약 좀 해주세요"라고 요청하던 사람들이 이제는 영상도 집중해서 보기 힘들어하고, 1분도 버티지 못하는 경우가 많습니다. 집중력이 점점 고갈되고 있어요. 잘 읽고 이해하기 위해서 **우리는 의도적으로 정신을 차리고 끝까지 집중해야 합니다.** 대충대충 읽고 넘기는 방식이 습관이 되지 않도록 주의해야 해요.

누군가 "아침 운동이랑 저녁 운동 중에 어느 게 다이어트에 효과적일까?"라고 물으면 간단히 설명할 수 있어야 합니다.

"아침"이라는 대답 뒤에 왜 그런지 이유도 덧붙여서 말이죠. 그래야 제대로 내용을 이해했다고 할 수 있어요.

왜 아까는 안 보였지?

웹툰 작가, 영화감독, 소설가 등 작품을 만드는 사람들은 그 안에 전하고 싶은 메시지를 담아요. 그 작품을 보는 사람들은 만든 사람의 의도와 메시지를 이해하기 위해 노력해야 합니다. 그러기 위해서는 우선 꼼꼼하고 자세히 보는 태도가 필요해요.

학생들과 즐겨 보는 단편영화 〈가족〉에 대해 이야기해볼게요. 5분 정도 되는 이 영화에는 시작부터 어린 소녀가 등장해요. 어린 소녀를 제외하고 가족들은 맛있게 식탁에서 밥을 먹고, 집을 나갑니다. 집 안에서 혼자 놀다 지친 소녀가 잠이 들고, 밤이 되어 가족들이 돌아와요. 그리고 소녀는 강아지가 되어 가족들을 맞이합니다.

이 영화를 보고 나서는 소녀의 반전 정체를 예상하고 뿌듯해하는 학생들도 있고, 소녀가 왜 사라지고 강아지가 등장하는지 어리둥절해하는 학생들도 있어요. 강아지를 사람처럼 나타낸 의인화 기법에 감탄하는 학생도 있고, 아동학대를 당한 외톨이 소녀가 갑자기 사라졌다고 하는 학생도 있어요.

이때 영화를 다시 천천히 보면서 함께 소녀의 정체를 알려주는 단서를 찾아봅니다. 감독은 영화의 시작부터 중요한 단서를 숨겨두고 있었어요.

첫 번째, 가족사진에 아빠, 엄마, 언니 세 명만 있고 어린 소녀가 없어요. 주인공인데 왜 없을까요? 두 번째, 밥을 먹는데 소녀만 빼고 다른 가족들이 따로 먹어요. 따돌리는 걸까요? 세 번째, 소녀 시점으로 보면 빨간 방울토마토가 검푸른 색으로 보입니다. 화면 오류일까요? 네 번째, 아빠가 집에서 나갈 때 소녀에게 간식을 줍니다. 그런데 간식 모양이 먹다 남은 치킨 같아요. 왜 이상한 음식을 줄까요? 다섯 번째, 선반에 작은 피규어가 있는데, 사람 셋에 강아지가 하나 있네요. 그리고 어린 소녀는 피규어를 못마땅한 표정으로 바라보다 손으로 칩니다.

이런 단서들을 모아서 생각해보면, 어린 소녀의 정체가 강아지였다는 것을 알 수 있어요. 학생들은 "왜 아까는 안 보였지?"라고 말합니다. 이렇게 함께 천천히 집중해서 보니까 많은 단서들이 나타나요. 5분짜리 짧은 영화인데도 집중도에 따라 얻을 수 있는 정보에 큰 차이가 납니다.

배경지식이 많은 친구들은 단서들의 깊은 의미까지 찾아내요. 세 번째 단서인 시퍼런 화면을 보고 "강아지들은 사람과 다르게 빨간색과 초록색을 잘 못 본다고 했어요. 그걸 표현한 장면 같아요"라고 말하고, 네 번째 단서인 먹다 남은 치킨 같은 간식은 '개껌'이라고 알려줍니다. 역시 아는 만큼 더 잘 보이죠.

이렇게 요리조리 자세히 뜯어본 작품을 통해서, 우리는 감독이 전하고 싶은 메시지도 더 정확히 파악할 수 있습니다. 강아지도 우리 가족과 같은 소중한 존재라는 거죠. 더 이상 소외당하지 않도록 잘 보살펴주어야 한다는 의미를 담고 있어요.

강아지를 직접 키우는 친구들은 강아지를 보고 싶다는 말도 하며 더 잘해주어야겠다고 다짐하고요. 아닌 친구들 중에는 "강아지도 혼자 있으면 더 좋아하지 않을까요?"라며 다른 시각을 펼치기도 합니다. 감독님의 의도이지, 강아지 속마음은 알 수 없다는 거죠. 이 주제로 또 이런저런 이야기를 나눌 수 있어요.

숲과 나무 함께 보기

글씨 반듯하게 쓰는 법

자세히 보는 것도 중요하지만, 너무 가까운 것에 집중하면 큰 그림을 놓칠 수 있어요. 멀리, 넓게 보는 것이 필요한 순간도 있습니다. 그 중요성을 함께 살펴볼게요.

글씨를 집중해서 쓰고 있는데, 나중에 보니 점점 올라가 줄이 안 맞은 적 있지 않나요? 나름 반듯하게 썼다고 생각했는데 억울한 일입니다. 저도 밑줄이 없는 종이에 글을 쓰다 보면 전체 글이 기울어질 때가 있어요. 글씨 쓰는 법을 알려주는 유튜브 채널 '백글'의 영상을 보았어요.

시청자: "글씨를 쓰다 보면 왜 글씨가 점점 올라가나요? 반듯하게 쓰는 법을 알려주세요!"

유튜버: '나무를 보지 말고 숲을 보라'는 말은 글씨에도 적용됩니다. 가까운 앞글자만 보지 마시고 맨 앞에 있는 대장 글자를 보세요. 글씨를 쓰면서 전체를 조망하며 문장을 쓰는 습관을 들이세요. 그럼 올라가지 않고 정리된 글씨를 쓰실 수 있을 거예요.

실제로 글씨를 쓰면서 중간중간 거리를 두고 글자를 바라보니 큰 도움이 되었어요. 옥상에서 아래를 내려다보듯이 말이죠. 그럼 어떻게 써나가야 할지 감이 오고, 줄을 맞추어 쓰기 좋습니다.

이 방법은 책을 읽을 때도 적용됩니다. 책을 읽을 때 마음이 급해서 후다닥 내용을 읽기도 해요. 그러다 벽에 부딪히고 중간에 포기하는 학생들도 많아요. 이때 구체적인 내용과 함께 큰 그림을 살피는 방법을 추천해요. 먼저 큰 숲을 보고, 안으로 들어가 나무를 보고, 또 중간중간 큰 숲을 보면 길을 잃지 않고 목적지에 다다를 수 있습니다.

큰 숲을 보듯 책을 읽는 방법을 세 가지 안내할게요. 첫째, 제목과 표지를 보고 관찰하고 호기심 갖기. 둘째, 저자 소개, 들어가는 말, 목차 등을 챙겨 보기. 셋째, 처음부터 끝까지 후루룩 훑어보기.

요즘 콘텐츠를 보면 앞부분에 중요한 내용을 살짝 보여줍니다. 궁금증을 유발하며 그 호기심을 바탕으로 콘텐츠를 끝까지 볼 수 있도록 유도해요. 마찬가지로 전체를 쭉 살펴보면서 "어떤 내용일까?", "왜 이럴까?" 호기심을 갖는 게 중요합니다.

다음, 본격적으로 나무를 보듯 책을 읽는 방법 세 가지입니다. **첫째, 저자가 강조한 부분, 의도를 파악하며 읽기. 둘째, 밑줄 치고 메모하며 읽기. 셋째, 다 읽은 후에 내용 떠올리기.**

앞에서 호기심을 가졌으면 이제 탐구심으로 나아가야 합니다. 알차게 읽기 위해서는 노력이 필요해요. 처음 대충 후루룩 보고 감 잡았으니, 이제 정성껏 읽습니다. 다 읽고 나서도 스스로 내용을 떠올려보거나 친구에게 책 내용을 설명해보세요. 기억이 나지 않는다면 다시 살펴봅니다.

체계적으로 읽기

침대는 가구가 아닙니다

우리가 글을 읽을 때, 머릿속에서는 많은 생각이 일어나요. 이 글을 어떻게 해석하면 좋을지 고민합니다. 글을 이해하는 단계를 체계적으로 알아볼게요.

많은 사람들 머릿속에 남아 있는 유명한 광고 문구가 있어요. 에이스 침대에서 만든 광고입니다. '침대는 가구가 아닙니다', '침대는 과학입니다.' 이 문장은 복합적으로 해석할 수 있어요. 단계를 나누어볼게요.

에이스 침대 광고

0단계 감상적 이해: "뭔가 신선한데? 기억에 오래 남네."

체계적으로 분석하지 않고 그대로 느껴봅니다. 침대는 다 비슷하다고 생각했는데, 광고 속 침대는 뭔가 다를 것 같은 기대감이 생겨요. 과학이라고 하니 뭔가 신뢰감도 올라갑니다. 조금 낯설고 어색한 표현이라 더 머릿속에 오래 남아요.

1단계 사실적 이해: "침대가 가구가 아니구나."

글자 그대로 이해해봅니다. 기존에 침대는 가구로 분류되지만, 에이스 침대는 가구가 아니라고 이야기해요. 그리고 과학이라고 합니다. 침대, 가구, 과학의 기본 특징을 생각하며 이해해요.

2단계 추론적 이해: "과학적으로 만든 특별한 침대라는 의미구나."

그대로 드러나지 않은 부분을 추론해봅니다. 아무리 에이스 침대라고 해도, 누워서 잠자는 침대는 가구로 분류돼요. 그런데 왜 가구가 아니라고 했을까요? '과학'이란 말에 힌트가 있어요. 다른 침대와 다르게 우리는 더 과학적으로 만들었다는 이야기를 하고 싶은 겁니다. 내용을 덧붙이면 진짜 하고 싶은 말은 이렇습니다. "우리는 일반 침대가 아닙니다. 과학적으로 만든 특별한 침대입니다."

3단계 비판적 이해: "어떤 부분이 다른 침대보다 과학적이라는 걸까?"

아쉬운 부분, 보완할 부분을 찾아 비판적으로 살펴봅니다. 의도는 알겠는데, 너무 단정적으로 말해서 혼란스러울 수 있어요. 그리고 다른 침대와의 차이점, 과학적으로 만들었다는 말의 근거가 충분하지 않습니다.

4단계 창의적 이해: "단순한 침대가 아닙니다. 인체공학적 설계로 건강을 선물합니다."

비판한 지점을 바탕으로 새로운 표현을 고민해봅니다. 기존 침대와는 다르다는 점과 과학적으로 만들어졌다는 점을 강조하고 싶은 의도를 담아요. 소비자들이 침대에 매력을 느낄 수 있는 문구를 만들어요.

스치듯이 본 한두 문장도 이렇게 깊이 있게 분석할 수 있다니, 대단하죠? 글을 읽을 때 이 단계를 생각해보세요. 같은 글도 넓고 깊게 읽을 수 있어요.

비포 & 애프터

미디어 콘텐츠에는 제작자의 의도가 담겨 있어요. 의도를 이해했는데, 그 의도가 바람직하지 않고 건강하지 않다면 어떻게 해야 할까요? 비판적으로 접근할 수 있어야 합니다. 대표적으로 인종차별 메시지로 악명 높은 광고를 볼게요.

도브 광고

2011년 도브의 샤워용품 광고입니다. 피부를 나타내는 그림에 'Before(전)'와 'After(후)'가 적혀 있어요. 이 제품을 사용하기 전의 피부와 후의 피부를 비교해서 보여주려는 의도입니다. 그런데 그 피부 그림 앞에 흑인 여성과 백인 여성이 서 있어요. 절묘하게 서 있는 위치가 'Before' 앞에는 흑인, 'After' 앞에는 백인입니다.

이를 통해 도브 제품을 쓰면 흑인이 백인으로 바뀔 수 있는 것처럼 표현했어요. 직접적으로 '흑인은 나빠'라고 말하지는 않지만, 이는 흑인의 고유한 피부 특성을 부정하는 의미입니다. 심지어는 더러운 것처럼, 깨끗하게 씻으면 지워지고 사라지는 것처럼 표현한 것이죠.

역시나 많은 소비자들의 비판을 받았어요. 심지어 도브 제품을 사지 않겠다는 불매운동도 일어났습니다. 우리는 이렇게 미디어에 담긴 건강하지 못한 메시지를 판단하고 비판할 수 있어야 합니다. 이것 또한 중요한 문해력이에요.

문화적 의미 이해하기

젓가락으로 먹는 햄버거

아시아인도 인종차별 대상이 되곤 합니다. 버거킹에서 만든 SNS 광고가 논란이 된 적이 있어요. 다음 광고를 보고 어떤 면에서 인종차별 논란이 생겼는지 생각해볼까요?

버거킹 광고

버거킹에서 올린 SNS 광고에는 외국 사람들이 기다란 젓가락으로 햄버거를 먹는 장면이 나와요. 여러분은 젓가락으로 햄버거를 먹은 적이 있나요? 저도 젓가락질을 잘하는 편인데, 햄버거는 시도도 해본 적이 없어요. 광고에서는 평소에 쓰지도 않는 커다란 젓가락을 막대기처럼 사용하며 햄버거를 먹는데, 제대로 사용하지 못하니 우스꽝스러운 모습이 연출됩니다.

그냥 웃긴 광고 아니냐고 생각할 수 있어요. 하지만 '젓가락'이 상징하는 문화적 의미를 생각하면 조금 다르게 느껴집니다. 젓가락은 한국, 일본, 중국에서 주로 사용하고 있어, 동아시아를 상징하는 문화입니다. 그러한 젓가락질을 우스꽝스러운 행위로 나타낸 것은 문화 자체를 조롱하고 비하한다고 해석할 수 있어요.

버거킹에서는 그런 의도가 아니었다고 할 수 있습니다. 의도는 아니지만 무의식적으로 그런 의도가 깔려 있을 수도 있고요. 어찌 됐든 젓가락을 주로 사용하는 문화권 사람들이 불편함을 느꼈다면, 그 광고는 비판받아야 합니다. 결국 버거킹도 사과하고 광고를 삭제했어요.

이전에도 한 명품 브랜드에서 젓가락으로 피자를 기괴하게 먹는 모습을 광고로 연출해 큰 논란이 되기도 했어요. 관련 브랜드 행사가 취소되고 불매운동 대상이 되었죠. 상대 문화에 대한 존중이 사라진 콘텐츠는 차별 메시지를 담고 있다고 할 수 있어요.

날씬함으로 한판 붙자!?

인종차별만큼이나 외모지상주의도 사회적 비판의 대상이 됩니다. 특히 성장하는 학생들에게는 잘못된 가치관을 심어줄 수 있어 더 위험해요. 논란을 불러일으킨 한 교복 광고를 소개할게요. 유명 아이돌이 광고 모델로 나오면서 화제가 되었는데 문구가 자극적입니다.

날씬함으로 한판 붙자!
조각처럼 눈부시다. 스커트로 깎아라! 쉐딩스커트
숨막히게 빛난다. 재킷으로 조여라! 코르셋재킷

교복 광고와는 어울리지 않는 '날씬하다', '눈부시다', '빛나다' 등의 수식어가 붙어요. 물론 교복도 예쁘고 멋지게 입으면 좋지만, 그 아름다움의 기준이 학교와 어울려야 합니다. 학교 소속감을 드러내는 옷이기에 자율적으로 입는 옷과는 차이가 있어요. 적어도 광고가 많은 학생에게 주는 메시지로는 적합하지 않습니다.

특히 몸에 부담이 되는 스커트나 재킷을 강조한 것은 학생들을 성적 상품화한 것이란 지적을 받았어요. 물론 날씬하게 보이기를 원하는 학생들 욕구를 반영했다고 하지만, 학생들에게 잘못된 가치관을 심어줄 수 있어 위험한 거예요.

광고가 마음에 들면 사고, 마음에 들지 않으면 안 사면 그만이라고 생각하는 사람도 있습니다. 소비자 마음이라고요. 하지만 **이런 언어 자극을 민감하게 받아들이고 느낄 필요가 있어요. 이를 감수성이라고 합니다. 불편함을 느낄 수 있어야 고칠 수도 있어요.** 지금도 아이돌 같은 몸매를 만들기 위해 제대로 먹지 않아 영양 불균형이 되는 청소년들이 사회적 문제가 되고 있어요. 건강한 사회를 위한 비판적 사고가 중요한 시기입니다.

매듭짓기 이것만은 꼭!

1. 집중해서 꼼꼼하게 텍스트 탐구하기

2. 나무와 숲을 함께 보기. 목차를 적극 활용하기

3. 감상-사실-추론-비판-창의적 읽기 5단계 적용하기

4. 메시지에 담긴 의도를 비판적으로 생각하기

5. 사회적 문제를 비판적으로 바라보는 감수성 기르기

상대방 의도를 파악하자

질문의 의도 이해하기

갑자기 내가 벌레가 된다면?

소셜 미디어에서 '바퀴벌레 챌린지'가 유행했던 적이 있어요. "내가 만약 바퀴벌레가 되면 어떻게 할 거야?"라고 가족이나 친구에게 묻는 겁니다. 그리고 상대방 반응을 공유해요.

엉뚱한 질문이라고 생각하면서 "쓸데없는 소리 하지 말고 잠이나 자!"라고 냉정하게 대응하는 사람도 있고요. "어쩔 수 없지, 그래도 데리고 살아야지!"라며 포용하는 사람도 있습니다. "미안하지만 바퀴벌레는 진짜 안 돼… 놓아줄게"라며 이별을 선포하기도 해요.

또 누군가는 MBTI 성향별로 대답이 다르다며 그 특징을 분석하기도 해요. 말하는 바퀴벌레 가족으로 유튜브 방송을 찍어서 성공하겠다는 사람도 있었어요. 정말 다양한 반응이 나옵니다.

이 질문의 근원을 살펴보면 100년 전으로 거슬러 올라갑니다. 바로 프란츠 카프카의 소설 『변신』에서 주인공 그레고르가 갑자기 벌레로 변하는 것이지요. 그레고르는 가족 중 유일하게 돈을 벌며 가족들을 위해 희생하지만, 갑자기 벌레가 되고 쓸모없는 존재가 됩니다. 결국 가족들에게 버림받고 쓸쓸한 죽음을 맞이해요.

현대사회에서 돈을 벌지 못하는 인간이 그 가치를 인정받지 못하고 소외되는 모습을 보여주는 소설이에요. 즉 '벌레'는 사회에서 제대로 기능하지 못하는 사람을 비유하는 대상이에요.

누군가는 '바퀴벌레'만 아니면 다 괜찮다고 합니다. 또 누군가는 바퀴벌레로 스타가 될 생각을 해요. 하지만 이 질문에서는 그러한 조건이 중요하지 않아요.

즉, 이 질문은 "내가 어떤 모습이라도, 날 사랑해줄 거야? 소중한 존재로 대해줄 거야?"라는 확인의 메시지예요. 입장에 따라서 "나 공부 못해도 사랑해줄 거야?", "내가 돈을 잘 벌지 못해도 사랑해줄 거야?"라는 의미이기도 합니다. 가장 감동적인 대답은 "바퀴벌레라도 결국 내 거야!", "나는 엄마 바퀴벌레가 될 거야", "무엇이든 상관없어!"라는 말이에요. 존재 자체를 인정하고 사랑해주는 거죠.

아주 엉뚱한 SNS 챌린지라고 생각할 수 있지만, 그 근원을 생각하면 굉장히 철학적인 질문입니다. 그리고 자신의 정체성에 대한 불안을 확인하는 심리적이고 사회적인 대화예요.

이러한 의미를 알고 들으니 단순한 농담이나 어리광이 아니라고 느껴지죠? 사랑받고 싶고, 확인받고 싶은 마음이 애틋

합니다. 이렇게 <mark>상대방 의도를 이해하고 존중하면 더 정성스럽게 대답할 수 있어요.</mark>

여러분에게도 묻습니다. 소중한 누군가가 바퀴벌레가 된다면, 어떻게 하시겠어요? 어떠한 기능을 하지 못해도, 그 존재만으로 사랑해줄 수 있나요?

작품 제목에 집중하기

체리새우? 칠리새우?

말이나 글, 광고나 영화 같은 미디어에는 만든 사람 의도가 담겨 있어요. 우선 그 의도를 제대로 이해하기 위해 노력해야 합니다. 여러분이 누군가에게 말을 건넸는데 알아듣지 못하고 엉뚱한 소리를 하면 속상하죠? 대화하고 싶은 마음이 사라질 겁니다.

시험 문제를 풀 때도, 출제자 의도를 궁금하게 생각해야 합니다. 출제자는 이 문제를 통해 물어보고 싶은 내용, 확인하고 싶은 지식이 있어요. 대부분 꼭 알아야 할 중요한 내용입니다. 문제를 보고서 '무엇을, 어떻게' 묻는지 의도를 파악하면 훨씬 쉽게 해결할 수 있어요.

작품을 만들 때 마지막까지 고민하는 것이 제목입니다. 책, 영화, 웹툰 모두 제목이 매력적이지 않으면 첫 만남조차 이루어지지 않으니까요. 그렇게 <mark>정성들여 만든 제목에 담긴 의미에</mark>

관심을 가질 필요가 있습니다.

제목만으로 줄거리가 설명되는 유명한 웹소설도 많죠. 「나 혼자만 레벨업」, 「데뷔 못 하면 죽는 병 걸림」, 「다시 태어난 야구 천재」는 작품의 중요한 스토리를 제목에 담고 있어요. 이렇게 내용을 파악하기 좋은 친절한 제목도 있고, 비유적인 제목도 있어요.

학생들과 『체리새우: 비밀글입니다』 소설을 읽고 독서모임을 했어요. 중학생 소녀의 삐걱대는 친구 관계를 중심으로 내면의 성장과 치유를 다루고 있어 공감 가는 내용이 많았어요. 학생들에게 물었을 때 전체 평점도 굉장히 높았습니다.

그때, 평점 5점 만점을 준 학생에게 물었습니다. "책 제목에 '체리새우'가 왜 나왔을까요?" 주변 학생들은 체리새우라는 단어 자체를 낯설어했고, 칠리새우는 안다고 키득거리기도 했어요. 그래도 흥미롭게 읽은 학생은 주인공의 블로그 이름이라고 잘 대답했어요. "왜 그런 이름의 아이디를 만들었을까요?" 추가로 물었더니 머뭇머뭇하며 제대로 대답하지 못했어요.

주인공에게 공감은 했지만, 제목의 의미는 중요하게 생각하지 않았지요. 중요하게 생각했다면 처음부터 궁금했을 테니까요. 그래서 책에서 관련된 부분을 다시 찾아보았습니다.

외갓집에서 체리새우를 처음 보았다. 수초 가득한 어항에서 나는 것처럼 헤엄치는 모습이 예뻤다. 맑은 물에서 사는 담수 새우이고, 몸집이 자라면

주기적으로 탈피를 한다. 빈 껍질을 벗어버리고 점프하는 모습이 무척 신비로웠다.

그 학생은 책에 이런 부분이 있는 줄 몰랐다며 살짝 놀란 모습을 보였어요. 체리새우가 껍질을 벗고 점프하는 모습은 주인공의 성장기와 이어집니다. 그래서 주인공은 자신의 정체성을 나타내는 이름으로 '체리새우'를 사용했죠. 이를 몰랐다면 작가의 중요한 의도를 놓칠 뻔했네요.

유튜브 영상이 아무리 재미있어도 썸네일이 별로면 클릭을 안 하죠? 또 내용과 너무 관련이 없어도 기대에 미치지 못해 실망합니다. 그래서 작가는 작품 내용도 잘 담고 관심도 유발할 수 있는 제목을 짓기 위해 노력해요.

앞으로는 책 제목과 부제목에 집중하면서 읽어보세요. "왜 체리새우일까?", "비밀 글은 무엇일까?"라는 질문을 하며 읽는다면 관련 내용도 눈에 잘 보일 겁니다.

나아가서 주인공이 체리새우를 보며 느낀 신비로움과 감동을 바탕으로 본받고자 했듯이, 나에게 그런 대상이 있는지 떠올려볼 수 있어요. 조금 느리지만 묵묵히 성장하는 모습을 거북이에 빗대 표현한 학생도 있었어요. 드라마 〈이상한 변호사 우영우〉를 보고 평화롭고 순수한 고래의 팬이 되었다는 학생도 있었습니다. 여러분도 자신만의 그런 대상을 떠올려볼까요?

알록달록 페인트?

청소년 소설 『페인트』도 제목에 많은 의미가 담긴 소설이에요. '페인트' 하면 무엇이 떠오르나요? 우선 어딘가에 색칠하는 물감이 있고요. 또 운동할 때 상대편을 속이는 동작이란 의미도 있습니다. 하지만 여기서는 '부모 면접(Parents Interview)'의 줄임말이라는 의미를 담고 있어요.

소설 배경이 되는 미래에는 부모가 키우기 원치 않는 아이들을 키워주는 국가 기관이 있어요. 기관에서 자라는 아이들은 새 부모들을 면접 보고, 절차에 따라 새 가족을 이룰 수 있습니다. 어른들이 보육원에서 아이들 입양을 위해 면접을 보듯이, 거꾸로 아이들이 부모 면접을 보는 시스템이에요. 그 면접을 이르는 말이 '페인트'입니다.

소설 속 설정된 세계관에서 사용되는 '페인트'의 의미는 이야기 속에서 명확히 드러납니다. 그리고 소설을 읽다 보면 '페인트'의 또 다른 의미도 와닿아요.

어쩌면 이곳은 아주 거대한 미래인지도 모른다. 내가 선택한 색깔로 칠하는 미래. 엄마와 아빠를 미리 만나볼 수 있는 곳. 설령 면접이 성사되지 않아도 상관없다. 페인트를 하는 순간마다 우리는 미래에 갔다 오는 거니까. 새해가 머지않았다. 나는 바깥세상으로 한 발 내디딜 준비를 할 것이다. 열여덟, 아직 태어나지 않은 껑충한 아기가 성큼 계단 위로 올라선다.

우리가 마음대로 색칠하고 그려나가는 페인트에서 의미를 확장해 그것을 우리의 주체적인 삶의 태도를 나타내는 과정으로 표현해요. 주인공이 선택하는 색깔이 소설 속 주인공의 선택과 연결되죠.

이 제목만큼이나 표지 그림도 흥미롭습니다. 아이가 상자 안에 있는 작은 부모를 내려다봅니다. 이 표지를 보고 부모님들은 작은 침대에 있는 아이를 바라보는 순간을 떠올리기도 하고요. 한 학생은 쇼핑한 박스를 살짝 열어보며 반품할지 말지 고민하는 모습 같다고도 했어요. 책의 줄거리를 모르는 사람에게는 굉장히 낯선 그림일 거예요. 직관적으로 제목만 보면

소설 『페인트』 표지

알록달록 페인트가 바로 연상되겠죠. 하지만 표지는 책의 주제 의식과 관련되어 있는 경우가 많아요.

추가로 "왜 인물들 입이 없을까요?"라고 질문한 학생도 있어서 이 문제를 가지고 여러 이야기를 나누기도 했어요. 가족 관계는 말이 필요 없이, 눈빛만 봐도 알기 때문이라며 멋있는 해석을 한 학생도 있었고요. 면접 볼 때 서로 거짓말을 많이 하니까, 이를 비판하려는 의도가 보인다고 말한 학생도 있었어요. 모두 그럴듯한 이야기예요.

평범하게? 불타오르게?

제목과 표지 디자인 외에도 글의 구조와 전략을 통해서 핵심 의도를 전달할 수 있습니다. 글을 쓰는 사람은 설명하기 위한 가장 효과적인 방법을 고민하고, 읽는 사람은 그 방법에 맞게 제대로 이해하는 것이 중요하죠.

라면 좋아하나요? 보통 우리가 보는 라면 광고는 먹방처럼 맛있게 라면 먹는 모습을 많이 보여줍니다. 하지만 기존 문법과 다르게 뮤지컬 애니메이션처럼 만든 삼양라면 광고가 많은 인기를 얻었어요. 고퀄리티의 영상과 음악이 잘 어우러지는 작품입니다.

우선 삼양라면의 광고 '평범하게! 위대하게!'는 근엄하고 진지한 양 캐릭터를 만들었어요. 의상 곳곳에 라면을 상징하는 요소들이 담겨 있고요. 이 캐릭터가 전하고 싶은 메시지가 무엇인지 노래 가사를 통해 알아볼게요.

삼양라면 광고

난 기본을 조용히 지켜낼 거야

최초의 라면인 내가 해낼 거야

배고픈 모두를 구했던 그때처럼

(…)

위대한 오리지널!

평범한 내가 위대해진 이유

위대한 60년간의 사랑

삼양라면은, 기본을 지켜낼 거야

이 노래를 통해 우리는 삼양라면이 우리나라 최초의 라면 이라는 사실을 알 수 있어요. 자연스럽게 라면 역사가 60년 정도 되었다는 정보도 얻습니다. 배고플 때 식사 대신으로 사람들이 먹으면서 든든한 한 끼 역할도 했네요. 이 정통 오리지널 삼양라면은 지금까지처럼 조용히 기본을 계속 지켜내겠다고 다짐합니다. 든직하죠.

이 시리즈에 함께하는 라면으로 '불닭볶음면'이 있어요. 불타오르는 매운맛으로 사람들에게 많은 인기를 얻고 있죠. 불닭볶음면의 광고 '불타오르게! 위대하게!'는 '닭'을 캐릭터로 해서 강렬한 메시지를 전합니다. 노래 가사를 함께 볼까요.

불닭볶음면 광고

안녕 난 불닭

그냥 넌 불타

내 길을 막는 건 다 불타

그게 스승의 조언일지라도

'라면은 가장 편안한 식사라고'

날 삼시 세끼에 가두지 말아줄래

(…) 심지어 난 라면이 아닐지도 몰라

(…) 세상의 기준도 다 불타

이것저것 다 태워버린다는 경고가 무섭게 느껴집니다. 특히 '스승의 조언'이 무엇인지 궁금해요. 바로 앞에 나온 '삼양라면'이 말하는 기본에 충실하라는 메시지가 아닐까요. 라면으로서의 기본이 무엇일까요? 라면 하면 어떤 모습이 떠오르나요?

우선 따뜻한 국물과 함께 먹는 한 끼 식사가 떠오르죠. 밥을 말아서 국밥처럼 먹기도 해요. '라면은 가장 편안한 식사'라고 생각하는 분들이 떠올리는 이미지입니다.

하지만 '불닭볶음면'은 그 따뜻한 국물과 밥이 어울리는 식사라는 라면의 기준을 거부해요. 심지어는 라면이 아닐지도 모른다고 말합니다. 모든 기준을 불태우면서 새로운 음식으로 다시 태어나고자 해요.

불닭볶음면을 생각하면 확실히 기존 라면과 이미지가 다르죠. 다양한 맛이 계속 나오면서 세계적으로 큰 인기를 얻고 있어요. 매운맛으로 새로운 음식들과 조화롭게 어울리기도 합니다.

삼양라면 vs 불닭볶음면

라이벌 구도인 양과 닭 캐릭터는 마지막 장면에서 서로 마주합니다. 오리지널 삼양라면이 가던 길을 불닭볶음면이 따라가는 발걸음으로 시작하지만, 시간이 지나면서 불닭볶음면은 새로운 길을 개척합니다. 이 둘이 나란히 걷다가 결국 닭이 앞서나가며 영상이 마무리됩니다.

삼양라면, 불닭볶음면 광고

누군가는 따뜻한 국물의 삼양라면을 좋아할 수도 있고, 누군가는 매콤한 불닭볶음면을 좋아할 수도 있어요. 이 둘을 대결 구도로 짜며 우리에게 계속 비교하도록 유도해요. 이런 전략을 비교와 대조라고 해요. 두 광고를 비교하며 각 제품의 뾰족한 특징도 더 기억하게 됩니다.

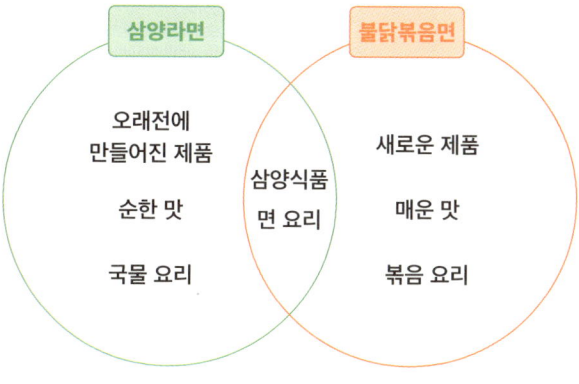

두 라면 비교·대조

좀 더 자세히 알아볼게요. 이러한 비교-대조 구조는, 내용 간의 공통점이나 차이점으로 이루어져요. 삼양라면과 불닭볶음면을 설명한다고 생각해보세요. 공통점은 무엇일까요? '삼양식품이라는 회사에서 만들었다', '면으로 만든 음식이다.' 등이 있어요.

그럼 차이점은 무엇일까요? 우선 삼양라면은 굉장히 오래전에 만들어졌고, 국물이 많은 순한 맛 음식입니다. 반면에 불닭볶음면은 상대적으로 만들어진 지 얼마 안 되었고, 기존 라면과 다르게 국물 없이 볶아 먹고 매운맛이 자극적이에요.

비교와 대조 구조에서 비슷한 점을 이야기할 때는 '공통으로', '비슷하게'와 같은 말을 자주 사용해요. 또 다른 점을 이야기할 때는 '반면에', '이와 다르게' 등의 말을 활용합니다. 꼼꼼하게 읽다 보면 내용 예측이 가능해요.

똑같은 주제도 다양한 구조와 방법으로 설명할 수 있어요. 구조와 전략을 파악하면 내용을 좀 더 쉽게 이해할 수 있습니다. 예를 들어 '학생들의 스마트폰 과의존'을 주제로 이야기를 한다고 생각하고 대표적인 전략을 알아볼게요.

비교와 대조 전략

학생들의 스마트폰 사용을 억제하는 A 나라 vs 학생들의 스마트폰 사용을 자율적으로 허용하는 B 나라. 이 구조를 파악했다면 두 나라의 공통점과 차이점을 찾으면서 읽으면 됩니다.

문제와 해결 전략

지금 학생들의 스마트폰 과의존 현상을 '문제'로 정의했다면 어떻게 과의존을 줄일 수 있는지 해결 방안을 확인하면 됩니다. 그 해결 방안이 실현 가능한지도 점검해요.

원인과 결과 전략

지금 학생들의 스마트폰 과의존 문제를 원인으로 보고 있다면 이로 인해 발생하는 결과를 궁금해합니다. 이후 결과에 대해 예측하는 내용이 합리적인지 생각하며 읽어요. 또는 지금 상황을 결과로 보고 있다면 그 원인을 함께 탐구합니다. 근거가 무엇인지도 고민하며 읽어요.

시간의 흐름 전략

스마트폰 도입 전부터 시대별로 학생들 상황을 나열하는 글이라면 시대별 변화와 차이점을 관찰해요. 학업성취 능력이나 독서율, 학습태도 등의 격차도 살펴볼 수 있어요.

정보를 전달하는 비문학 책에서는 이러한 부분이 목차에서 드러나는 경우가 많아요. 『법 쫌 아는 10대』 목차를 보면 해당 부분의 전개 방식을 이해하고 어떻게 읽어나가면 좋을지 계획을 세울 수 있어요.

1장 법은 왜 생겼을까?: 지금 법이 있는 상황을 결과로 보고, 그 원인을 탐구하면 됩니다. 어떤 필요성에 따라서, 누가 만들었는지 확인해요.

2장 법과 근대 사회의 탄생: 과거부터 지금까지 시간 흐름에 따라 사회와 법이 어떻게 달라졌는지 확인합니다. 시대별로 보여주는 명확한 특징을 찾으며 읽어요.

3장 법이 보호하는 우리의 권리: 각 권리들의 서로 다른 특징을 비교분석하며 명확하게 정리하면 됩니다. 여러 가지 권리들을 구분할 수 있어야 해요.

4장 법이 추구하는 목적: 앞에서 법이 생긴 이유와 역사적 흐름을 보았으면 앞으로 추구하는 가치는 무엇일지 궁금해합니다. 그리고 법이 목적을 달성하고 있는지 점검할 수도 있죠.

5장 범죄와 형벌: 법을 통해서 사회적 문제들을 어떻게 해결할 수 있는지 호기심을 갖고 접근합니다. 구체적 사례를 통해 법이 사회에 미치는 본질적인 영향들을 고민해요.

비문학의 목차는 지도와 같아요. 우리가 함께 읽는 책도 목차에서 다양한 정보를 제공하고 있습니다. 첫 번째 특강에서 듣기, 두 번째 특강에서 어휘력과 배경지식, 세 번째 특강에서 핵심 파악하기, 네 번째 특강에서 표현하기를 다루며 인풋에서 아웃풋으로 향하는 구조를 파악할 수 있어요. 듣고 읽기가 말하기와 쓰기로 이어지는 형식이죠.

또 세부 목차를 통해 다양한 미디어 사례들을 활용해 흥미를 유발하는 전략을 사용하고 있다는 사실도 짐작할 수 있습니다. 목차를 통해 책의 구조와 전략을 미리 이해하고 읽으면 조금 더 쉽게 내용을 파악할 수 있어요.

여기에 맞게 나만의 읽기 전략을 세울 수도 있습니다. 책의 순서에서 벗어나 지금 당장 필요한 부분, 흥미로운 부분을 먼저 골라 읽을 수도 있겠죠.

반어적인 표현 이해하기

환경미화원들이 스카우트하겠네

생활 속에서 직접적으로 말하지 않고 돌려서 말하는 경우도 많아요. "그래서 하고 싶은 말이 도대체 뭐야?"라고 다시 묻고 싶을 때도 있죠. 그때는 숨은 의도를 파악하기 위해 노력해야 합니다.

SNS에 엄마들 화법 모음이라는 콘텐츠가 학생들의 많은 공감을 이끌었어요. 몇 가지 같이 볼게요. 엄마가 정리되지 않은 딸의 방에 갑자기 들어왔어요.

> **엄마:** 방 진짜 깨끗하다. 반짝반짝 막 윤이 나. 미끄러질 뻔했네!
>
> **딸:** 뭐가.
>
> **엄마:** 길거리 지나다니면 환경미화원들이 스카우트하겠네.
>
> **딸:** 알았다고. 치운다고.
>
> **엄마:** 이렇게 깨끗한데 왜 치워.
>
> **딸:** 어떡하라고.
>
> **엄마:** 친구들도 불러라. 이걸 봐야 너한테 더 반하지.

엄마 말만 모아두면 칭찬 퍼레이드입니다. 방이 깨끗하고, 반짝반짝하고, 정리를 잘하니 환경미화원분들이 스카우트해갈 정도라고 해요. 친구들에게 보여주고 싶을 정도의 자랑거리입니다.

하지만 딸은 방의 상태를 알고 있습니다. 객관적으로 칭찬받을 상황이 아니죠. 그러니 엄마가 하고 싶은 말을 반대로 전하고 있다는 것을 알고 있어요. 이를 반어법이라고 해요. 진짜 하고 싶은 말은 "방 좀 치우고 살아라!"입니다.

이번엔 다른 상황이에요. 공부하다 살짝 졸고 있는데, 엄마가 방에 들어왔어요. 엄마는 다정한 목소리로 딸에게 말을 걸어요.

엄마: 피곤하지? 우리 딸?

딸: 공부하다 잠깐 존 거야.

엄마: 꼴등 유지하는 것도 쉬운 일이 아니지.

딸: 아, 진짜로.

엄마: 아이고, 우리 공주님은 공부하지 마셔.

딸: 왜?

엄마: 공부하지 마시고 나중에 똑 닮은 딸 딱 하나만 낳아요.

딸의 성적이나 공부 태도에 대한 엄마의 마음이 어떤가요? '꼴등 유지하기도 힘들지'를 바탕으로 추론하면 못마땅하게 생각하고 있어요. 그런 의미에서 '공부하지 마'라는 말도 그대로 해석하면 안 됩니다. 더 열심히 하라는 말처럼 들리죠.

재밌는 표현은 '너랑 똑 닮은 딸을 낳아라'입니다. 이 말은 상황에 따라 전혀 다른 의미로 활용될 수 있어요. 우선 지금 '꼴등'에서 나오는 맥락으로는 부정적인 의미가 느껴지죠. '너처럼 공부 안 하고 잠만 자는 딸 낳고 마음고생을 해보아라!'라는 의미의 저주처럼 들리기도 합니다.

반면에 딸이 칭찬받을 일을 한 상황에서 "나중에 똑 닮은 딸을 낳아라!"라고 말한다면 긍정적인 의미를 담고 있는 말이 됩니다. '너 덕분에 지금 나는 행복한데, 너도 나중에 이런 행복을 느꼈으면 좋겠구나'라는 뜻이에요. 같은 말이 상황에 따라 정반대 의미가 되니 의도를 잘 파악해야 합니다.

매듭짓기 이것만은 꼭!

1. 질문에 담긴 구체적 의도 이해하기

2. 작품 제목과 부제목에 집중하기

3. 작품의 표지나 포스터 디자인 자세히 관찰하기

4. 여러 가지 글의 구조와 전략 파악하고 활용하기

5. 텍스트 속 반어적 의미 파악하기

주변 요소를 활용한다

작가의 정보 활용하기

'엘리멘탈'이 한국 영화라고?

작품은 그 작품을 만든 사람의 의도를 담고 있어요. 그래서 만든 사람의 삶과 경험이 스며들어 있는 경우가 많아요. 만든 사람을 알면 그 작품에 대해 더 깊이 있게 해석할 수도 있습니다. 디즈니 애니메이션 〈엘리멘탈〉과 감독 피터 손의 인터뷰 내용 일부를 살펴볼게요.

〈엘리멘탈〉은 불 원소 부부가 여러 원소들이 살고 있는 엘리멘트 시티에 적응하며 살아가는 과정을 그린 영화예요. 불이 위험하다는 이유로 다른 존재들과 잘 어울리지 못하고, 차별과 편견, 소외된 상황 속에서 지내지요. 이러한 어려움 속에서도 꿋꿋하게 살아가는 불 원소 가족을 통해 다양성과 포용성, 사랑에 대해 이야기하는 작품이에요.

영화감독인 피터 손은 한국계 미국인으로 가족이 1969년에 미국으로 이민 왔다고 해요. 이민자로 살아온 그의 경험이 작품에 많이 담겨 있어요. 감독이 인터뷰에서 직접 밝힌 한국적 요소 몇 가지를 살펴볼게요.

주인공 가족의 아빠 이름이 아슈파인데요. 그 이름은 정말 '아빠'라는 소리에서 따온 거예요. 그리고 그 가족이 운영하는 가게는 한국식 가마솥, 아궁이 모양을 하고 있습니다.

많은 사람들이 감동받은 장면 중 하나가 주인공이 가족을 떠날 때 큰절하는 장면인데요. 이 또한 한국의 인사 문화를 그대로 담은 것이에요. 가슴 아프지만 '너네 나라로 돌아가'라는 말도 이민자로서 많이 당했던 차별이라 하고요.

추가로 애니메이션 〈케이팝 데몬 헌터스〉는 케이팝 슈퍼스타가 비밀 능력으로 악마들을 물리치고 팬들을 지켜내는 이야기를 다루고 있어요. 감독 매기 강은 한국에서 태어나 어린 시절 캐나다로 이민을 갔어요. 캐나다에서도 꾸준히 한국 문화를 접하며 한국적인 정서를 가졌고 이를 작품에 담아냈죠. 케이팝, 저승사자, 도깨비부터 호랑이, 김밥, 라면 등 모두 작가의 경험과 생각에서 비롯된 것이에요.

작가에 대해서 알고 나니까 작품에서 더 많은 것들이 보이죠? 이렇게 작품 밖에서도 의미 있는 단서들을 가져와 작품을 해석할 수 있어요. 실제로 많은 소설은 저자의 경험을 바탕으로 해요. 직접 경험한 이야기들이 작품의 좋은 소재가 됩니다.

열네 살 평범한 소녀의 죽음을 다룬 소설 『우아한 거짓말』의 책 소개에는 작가의 이야기가 나옵니다. 작가도 힘든 청소년 시기를 보냈고, 주인공처럼 잔인한 세상을 떠나고 싶었다고 고백해요. 이 경험을 바탕으로 소설을 썼고, 독자들에게 진심을 담아 안부의 말을 전하고 싶다고 합니다.

정보를 전달하는 글의 경우에도 누가 썼는지에 따라 결이 달라져요. 그래서 작가와 친해지면 좋습니다. 책을 읽고 작가의 인터뷰나 강의를 유튜브에서 찾아보세요. 작가의 북토크에 참여해도 좋습니다. 책이 더 사랑스러워지고 이해도 잘될 거예요.

디즈니 공주의 변천사

미디어 속 주인공들 성격은 시대에 따라 달라집니다. 그 시대 사람들이 좋아하고 공감하는 방향으로 움직여요. 시대정신을 반영한 결과입니다. 그래서 미디어를 분석하면 그 시대도 파악할 수 있고, 시대를 알면 미디어를 이해하는 데 큰 도움이 돼요.

오랜 역사를 가진 디즈니의 애니메이션 속 공주들의 성격 변화도 흥미로운 요소입니다. 그 시대를 사는 여성의 생각과 위치 등을 고스란히 담고 있는데, 이를 세대로 나누어 정리한 콘텐츠에 많은 사람들이 공감했어요.

1세대 수동적인 공주(1937~1959): 백설공주, 신데렐라, 잠자는 숲속의 공주

아름다운 외모를 갖고 있지만 위기 순간에 직접 해결하려고 노력하기보다 왕자나 조력자들의 구원을 기다려요. 무엇이든 다 해주는 일곱 난쟁이는 유명하죠. 수동적이고 의존성이 강한 공주들이에요.

2세대 자기주도적인 공주(1989~1991): 인어공주, 미녀와 야수의 벨

사랑을 위해 직접 행동하고 희생하는 용감한 모습을 보여줍니다. 인어공주는 사랑을 위해 마녀를 직접 찾아가고 거래도 합니다. 원하는 것을 얻기 위해 스스로 문제를 해결할 줄 아는 자기주도적인 공주들이에요.

3세대 모험형 공주(1992~1998): 알라딘의 자스민, 포카혼타스, 뮬란

남녀의 사랑 외에도 세상에 대한 호기심을 바탕으로 삶의 여러 선택지를 고민해요. 가부장적인 가족관계와 맞서거나 사회적인 규율을 깨부숴요. 자스민은 왕국의 법을 어기며 평범한 알라딘과 연을 맺습니다. 그리고 기존 백인 공주에서 벗어나 다양한 인종의 공주들이 등장하는 것도 큰 특징이에요. 자신의 삶을 개척하는 모험형 공주들입니다.

4세대 리더형 공주(2013~2019): 겨울왕국의 엘사와 안나, 모아나

자신의 뛰어난 능력을 바탕으로 누구에게도 의존하지 않는 독립적인 삶을 살아가요. 주변인들에게 도움받기보다 뛰어난 리더십으로 주변 사람들을 이끌기도 합니다. 겨울왕국의 엘사

에겐 공주가 아닌 여왕으로서의 품위도 느껴지죠. 사회적 역할도 충실히 해내는 리더형 공주들이에요.

시대에 발맞추어 변하는 캐릭터 모습이 흥미롭죠. 앞으로는 어떤 공주들이 나올지 기대되네요.

소설도 마찬가지입니다. 『순례 주택』은 순례 주택에서 함께 지내는 이웃들의 따뜻함을 통해 주인공이 성장하는 이야기예요. 이 소설 안에는 '아파트 vs 빌라'와 같은 사회적 빈부격차 문제가 갈등의 배경으로 깔려 있는데, 같은 동네에서도 사는 곳을 바탕으로 이루어지는 차별은 사회적 이슈가 되기도 했지요.

과거에는 '피는 물보다 진하다'고 하며 피로 맺어진 혈연관계를 중요시했다면, 지금은 가족 형태를 좀 더 유연하게 바라봅니다. 피 한 방울 섞이지 않은 순례 주택 이웃들은 친가족보다 더 서로를 믿고 따라요. 이렇게 삶을 공유하는 대안 가족 형태도 제시합니다. 이러한 시대정신을 함께 이해하면 작품을 즐기는 데 큰 도움이 됩니다.

내용의 연결고리 활용하기

선곡 맛집 축구 중계

쿠팡플레이 채널에서 국가대표 축구 중계를 하는데, 선곡 맛집으로 화제가 되었어요. 축구 중계를 잘하거나 영상 촬영을 잘한다는 내용이 아니라 노래를 잘 고른다고 칭찬을 받다니!

무슨 일일까요?

우선 시청자들 마음을 대변한 노래 선정이에요. 선제골로 앞서 나가다가 동점골을 허용한 경기의 엔딩곡으로는 긱스의 〈답답해〉, 지고 있다가 경기 막판 득점으로 힘겹게 무승부를 기록한 경기의 엔딩곡으로는 에스파파의 〈참 다행이야〉, 이길 것이라고 생각했던 약팀에게 마지막 동점골을 허용한 경기의 엔딩곡으로는 임정희의 〈진짜일 리 없어〉를 들려주었으니, 노래 제목만으로도 전하고 싶은 의미를 알 수 있어요.

또 선수들 활약에 맞게 선정한 노래도 있습니다. 이강인 선수가 골을 넣고 활약한 경기의 엔딩곡으로는 김국환의 〈축구왕 슛돌이〉를 선정했어요. KBS 스포츠예능 〈날아라 슛돌이〉 출신인 이강인 선수를 칭찬하는 의미죠.

손흥민 선수가 역전골을 만들고 활약한 경기의 엔딩곡으로는 코리아나의 〈손에 손 잡고〉를 선정했어요. 손흥민 이름의 '손'과 신체의 '손'을 연결지어 손흥민 선수의 존재감을 극대화한 것이지요.

노래 선정만으로 경기를 바라보는 시각, 전하고 싶은 메시지가 느껴집니다. 요즘 숏폼 영상 올릴 때도 상황에 맞는 배경음악 선정이 흥미로워요. 그냥 인기 많은 노래를 고르는 것이 아니라 음악으로 하고 싶은 말을 전하는 거죠.

예를 들어, 대화가 통하지 않아서 갈등이 생긴 영상에는 자두의 〈대화가 필요해〉 배경음악을 골라 문제 해결에 대화가 필요하다는 의미를 전해요. 또 열심히 일상을 살아가는 영상에는 부석순의 〈파이팅해야지〉 배경음악을 골라 밝은 에너지를 전하고, 하루 일과를 마치고 집에 가는 영상에는 옥상달빛의 〈수고했어, 오늘도〉 배경음악을 골라 토닥토닥 위로와 격려를 전해요. 이것 하나하나가 다 의도이니 메시지도 함께 이해하면 좋아요.

버거킹에 온 손님 정체는?

친한 친구들끼리는 거친 말을 쉽게 쏟아내곤 합니다. 그 관계를 잘 모르는 사람들은 싸우지 말라고 진정시키기도 해요. 하지만 둘의 사이를 아는 사람들은 그러려니 합니다. 같은 텍스트지만 둘의 관계에 따라 의미가 선명해집니다.

세계적인 라이벌 기업들이 있습니다. 대표적으로 버거킹과 맥도날드, 코카콜라와 펩시가 있어요. 우리나라의 삼성도 애플과 스마트폰을 두고 경쟁하는 라이벌 구도입니다. 이 라이벌 회사들은 서로 비교하는 광고를 많이 만들어요.

이 맥락을 이해하며 다음 광고를 살펴볼게요. 이미지 연출만으로 제작자의 의도를 파악해야 하기 때문에 꼼꼼하게 읽어야 합니다.

우선 누가 만들었는지 호기심을 가져야 합니다. '버거킹' 로

버거킹 광고

고가 크게 보이죠. 버거킹이 만든 광고라고 할 수 있어요. 버거킹은 이 광고를 통해서 어떤 메시지를 전달하고 싶을까요? 한 글자도 직접 말하고 있지 않지만 이미지 연출만으로 어떤 의미를 전달하고 있습니다.

우선 주변을 보니 버거킹 매장이 깔끔하게 정리되어 있어요. 그리고 여러 가지 재료도 보입니다. 뒤에 있는 재료들을 보고 "버거킹은 신선한 야채를 사용해요"라고 말하는 학생도 있어요. 깔끔한 건 맞지만 신선하다는 내용은 명확하게 드러나지 않아서 조금 아쉽네요.

등장인물을 보니, 버거킹 직원과 손님 한 명이 있습니다. 직원이 밝게 웃고 있어요. 친절한 직원의 미소를 보고 "버거킹 직원은 친절해요!"라고 말하는 학생도 있어요. 인물 표정을 자세히 관찰한 건 좋은 접근이에요. 하지만 더 중요한 의미를 찾아야 합니다.

직원 앞에 있는 손님이 좀 독특하네요. 모자도 쓰고 코트도 입고 정체를 숨기려는 것 같지만, 양말과 신발만 봐도 어딘가 익숙합니다. 얼굴에는 마스크를 했을 수도 있지만 빨간 머리색은 숨길 수 없죠. 이런 정보들을 바탕으로 우린 맥도날드 마스코트인 광대, 로널드 맥도날드를 떠올릴 수 있어요. 이때 배경지식이 중요합니다.

그럼 이 로널드 맥도날드가 왜 버거킹에 왔을까요? 그가 무엇을 하고 있는지 살펴보면 됩니다. 바로 햄버거를 주문했네요. 맥도날드에도 햄버거를 파는데, 왜 굳이 경쟁사인 버거킹에 와서 햄버거를 사먹을까요? 한 학생은 버거킹의 비법 레시피를 몰래 가져가기 위해서라고 말했어요. 흥미로운 접근이지만, 햄버거는 누구나 쉽게 사먹을 수 있어서 설득력이 약하죠.

로널드가 위험을 무릅쓰고 직접 버거킹에 온 것은 맛있는 버거킹 햄버거를 먹고 싶기 때문입니다. 쉽게 먹을 수 있는 맥도날드 햄버거보다 더 맛있기 때문이겠죠? 이렇게 자연스럽게 두 회사를 비교하면서, 버거킹 햄버거가 더 낫다는 메시지를 전달합니다. 제작자가 직접적으로 말하지는 않지만 연출을 통해서 의미를 전하고, 우리는 두 기업의 라이벌 관계를 바탕으로 주변 단서를 통해 추론할 수 있어요.

어떤 학생은 맥도날드를 버거킹보다 더 좋아할 수 있어요.

또 둘 다 별로 안 좋아하고, 롯데리아나 맘스터치를 좋아할 수도 있습니다. 햄버거보다 피자를 좋아하는 학생도 많이 있을 거예요. 물론 여러분의 의견도 중요해요. 대신 상대방이 전하는 메시지 의도를 제대로 이해하고 나서 반응해야 합니다.

'버거킹 광고에서는 버거킹이 맥도날드 햄버거보다 맛있다고 했는데~'라며 의도를 이해하고 뒤에 생각을 더하는 연습을 해야 합니다. 공감한다면 '나도 그렇게 생각해!'라고 동의하고, 반대한다면 '그래도 나는 맥도날드 햄버거가 더 좋아!'라고 반응할 수 있어요.

나아가 평가를 한다면 '전달 방식이 굉장히 흥미롭네!'라고 긍정적으로 볼 수 있고, '비교해서 상대방을 공격하는 방법은 보기 불편해'라고 부정적으로 볼 수도 있어요. 이것이 상대방 의도를 제대로 파악하고 생각을 더하는 과정입니다.

공간적 배경 활용하기

속도 제한합니다

같은 메시지도 상황에 따라 다르게 해석됩니다. 우리가 자주 보는 표지판도 그 장소와 상황과 맞물려 있을 때 의도를 제대로 이해할 수 있어요. 흥미로운 광고를 살펴볼게요.

도로에서는 속도제한 표지판을 자주 볼 수 있습니다. 장소에 따라 제한 속도도 모두 다릅니다. 그 표지판 중에서 '0'이라고 적인 표지판을 본 적이 있나요? 속도 0km/s이면 멈출 텐데, 도로에서 멈추면 사고나겠죠. 정지하라는 의미일 수도 있겠네요.

도로가 아닌 곳에서 사람들에게 전하는 메시지라고 했을 때, 이 표지판이 어울리는 장소는 어디일까요? 실제로 여러 곳에서 캠페인을 하기도 합니다. 자유롭게 떠올려보세요.

신호등 앞에 이 표지판이 있다면 "무단횡단하지 마세요!"라는 의미를 가질 수 있죠. 박물관 내 한 작품 앞에 있다면 "더 이

지하철 공익 광고

상 다가오지 마세요! 눈으로만 보세요!"라는 메시지를 전할 수 있어요. 또 놀이공원에서 길게 줄 서 있을 때는 "밀지 마세요! 가만히 있으세요!"라는 의미도 가능하겠어요.

실제로 이 이미지를 활용한 광고는 지하철역에서 많이 볼 수 있습니다. 서울교통공사와 한국승강기안전공단은 이 표지판 그림을 이용해 광고 포스터를 만들었어요. '에스컬레이터에서 걷거나 뛰지 마세요'라는 말을 이렇게 이미지로 표현했습니다.

'제한 속도 0km/s'라는 똑같은 표지판이지만 주어진 상황과 맥락에 따라 의미가 달라집니다. "무단횡단하지 마세요!", "다가오지 말고 눈으로만 보세요!", "밀지 마세요!", "에스컬레이터에서는 걷거나 뛰지 마세요!" 등 모두 가능해요.

똑같은 내용의 메시지도 누가, 언제, 어떤 상황에서 하는지에 따라 의미가 달라질 수 있다는 사실을 꼭 알아두세요. 상대방에게도 다양하게 전달될 수 있어요.

자동차 없는 자동차 광고

마지막으로 핵심 메시지를 꽁꽁 숨겨놓은 콘텐츠를 볼게요. 직관적으로 알아챌 수 있도록 만든 친절한 콘텐츠도 있지만, 독자들의 호기심과 탐구심을 유발하는 불친절한 매력의 콘텐츠도 있어요. 이럴수록 우리는 안테나를 바짝 세우고 집중해서 숨은 의미를 파헤쳐야 합니다. 독립된 단서들을 연결해서 비유와 상징을 파악하여 의미를 구성해야 해요.

자동차 없는 자동차 광고로 널리 알려진 벤츠 광고를 소개할게요. 광고에는 여러 마리 닭들이 나오는데, 사람들이 들고 있는 닭들은 리듬에 맞추어 몸을 흔들어요. 그렇게 다양한 각도에서 춤추는(?) 닭들을 보여주며 광고는 끝납니다. 별말 없이 닭들을 보고 있는데, 마지막에 세 문장이 딱 나옵니다.

벤츠 자동차 광고

Stability at all times(언제나 안정적이다).

Magic Body Control(매직 보디 컨트롤).

Mercedes-Benz Intelligent Drive(메르세데스 벤츠의 영리한 운전).

벤츠 회사의 광고라고 하니 자동차 광고인 것은 알겠는데, 자동차가 등장하지 않아 당황스러워요. 닭이 춤만 추다가 끝나니, 마지막 문장만 없었으면 무슨 광고인지도 몰랐을 거예요. 실제로 마지막 문장을 가리고 무슨 광고인지 퀴즈를 내면 학생들은 '치킨'부터 시작해서 '카메라', '침대' 등 다양한 대답을 꺼냅니다. 도대체 무슨 말을 하고 싶은 걸까요?

이제 콘텐츠가 전하고 싶은 진짜 메시지, 숨은 의미를 파악하기 위해 호기심을 가지고 탐구해봅시다. 의도적으로 노력해야 찾을 수 있습니다.

자세히 보면 닭이 춤을 출 때, 머리가 흔들리지 않아요. 몸통이 이리저리 움직여도 머리는 안정적인 자세를 유지합니다. 실제로 많은 조류들이 신체 특성상 움직일 때 머리 부분이 고정되어 있어요. 마지막 문구 '언제나 안정적이다'라는 말이 이 머리를 의미합니다.

그럼 자동차 광고니까, 이 닭을 자동차라고 생각했을 때 안정적인 '머리'는 무엇을 상징할까요? 핸들이라고 대답하는 학생도 있는데, 핸들이 고정되면 큰일나겠죠? 그게 아니라 운전하는 자리이자 사람을 이야기합니다. 울퉁불퉁한 길을 다니며 차체(몸통)가 아무리 흔들려도 운전석(머리)은 안정적인 편안함을 느낄 수 있다는 말을 하고 있어요. 그럴 수 있는 이유는 '매직 보디 컨트롤'이란 기술 때문인데, 그것을 강조하지는 않습니다. 직관적으로 느끼도록 이끌어요.

추가 어휘 퀴즈! 자동차에 탔을 때, 운전하는 순간 느끼는 편안함을 무엇이라고 할까요? 퀴즈를 내면 많은 학생들이 고민합니다. '안정감', '편안함', '포근함' 등 다양한 단어가 나오지만 '운전하는 순간'을 담지 못해 아쉬워요.

가장 적합한 단어는 '승차감(乘車感)'입니다. '오르다 승(乘), 차 차(車), 느끼다 감(感)'이 더해진 단어로 '달리는 차 안에 앉아 있는 사람이 차체의 흔들림에 따라 몸으로 느끼게 되는 안락한 느낌'이란 뜻이에요. 차에서 편안함을 느낄 때 "승차감이 좋다!"라고 자주 말하죠.

예문을 만들어볼까요? "차를 바꾸었더니, 승차감이 좋아졌네!", "승차감이 안 좋으니까 멀미가 나네!", "이번 열차는 빠른 속력과 안락한 승차감을 자랑한다" 등으로 활용할 수 있어요.

매듭짓기 이것만은 꼭!

1. 작가와 작품의 관련성 파악하기

2. 시대적 배경이 작품에 주는 영향 이해하기

3. 상황과 맥락에 따라 달라지는 메시지 이해하기

4. 공간적 배경이 텍스트에 주는 영향 이해하기

5. 드러나지 않는 숨은 의미 추론하기

☀ 도파민 쉼터 ☀

도식화
- 그림 그리며 읽기 -

도파민 자극에서 잠시 벗어나는 시간, 세 번째는 그림 그리며 읽기입니다. 그림과 글의 조화 하면 떠오르는 책, 바로 그림책입니다. 글에 맞는 그림, 그림에 어울리는 글이 읽는 사람의 생각을 자극해요.

또 시를 읽으며 시에 어울리는 그림을 그린 적이 있나요? 떠오르는 이미지를 구체적으로 나타내는 과정에서 상상력과 창의력이 샘솟게 됩니다. 소설 속 인물의 대사를 보고 어떤 표정이 떠오른다며, 심술맞은 얼굴을 옆에 그린 학생도 있었어요.

내용을 좀 더 명확하게 이해하기 위해 구조를 그리는 것도 좋아요. 인물들 이름이 헷갈릴 때는 인물 관계를 그림으로 정리하고 참고할 수도 있어요. 장소가 헷갈릴 때는 지도를 간단히 그리고 위치를 파악하며 읽을 수도 있고요.

생각그물이라고 해서 떠오르는 생각의 흐름을 뻗어나가는 그물 모양으로 나타내는 방법도 있어요. 중요한 내용들을 중심으로 간추려 정리하면 핵심을 파악하기 좋아요. 결국 생각을 이미지로 떠올리면서 천천히 새기는 과정입니다. 이렇게 시각화한 정보는 나중에 더 쉽게 떠오르니 꼭 해보세요.

생각을 조리 있게 표현해요

말하기 전에 생각하자

어, 근데…

　말을 또박또박 잘하고 싶다는 생각을 많이 합니다. 특히 여러 사람들 앞에서 당차게 의견을 전달하는 모습은 멋있기도 하죠. 그렇게 의견을 조리 있게 전달하기 위해선 생각을 미리 정리해두어야 합니다.

　한 서바이벌 오디션 프로그램에서 여자 출연자가 무대 위로 올라옵니다. 쭈뼛쭈뼛하면서 작은 목소리로 자기소개를 해요. 그리고 준비한 무대를 보여주려는 시점에서 조심스레 말을 꺼냅니다.

　　참가자: 근데… 어, 노래를 준비 못했어요.

　　심사위원: 그럼 춤 음악은 준비하신 거예요?

　　참가자: 아니요.

　　심사위원: 그럼 뭐 준비하셨어요?

　　참가자: 춤은 준비했는데… 노래를… 이렇게… 안 했어요.

심사위원: 그럼 춤을 추시겠다는 거예요. 지금?

참가자: 춤밖에 보여드릴 게 없는데….

심사위원: 그니까 노래 없이 춤을 추시겠다는 거죠?

참가자: 그거는 못할 것 같은데….

심사위원: 그럼 뭐 어떻게 하자는 거죠?

마지막 심사위원 말투에서 뾰족함이 느껴지죠. 대화가 제대로 되지 않고 있습니다. 서바이벌 오디션 프로그램이니, 참가자도 간절한 마음으로 참여했을 거예요. 제대로 대화가 이루어지지 않는 지점에서 부정적인 이미지도 생길 수 있어요. 심사위원말 그대로 이 참가자는 무엇을, 어떻게 하고 싶은 걸까요?

추론을 하면, 참가자는 부를 노래를 준비하지 못해서 춤만 보여줄 수 있는 상태입니다. 그런데 춤 음악은 준비하지 못했어요. 하지만 노래(음악) 없이 무반주로 춤을 추는 것은 하지 못할 것 같다고 이야기해요. 여기서 조리 있게 필요한 것을 얻으려면 어떻게 말해야 할까요?

"제가 노래 준비는 안 됐는데, 춤은 출 수 있습니다. 배경음악을 준비하지 못했으니 아무 음악이나 틀어주시면 춤을 추겠습니다." 이렇게만 말해도 본인이 처한 상황과 원하는 것이 명확하게 드러납니다.

'어… 근데… 음…'과 같은 자신감 없어 보이는 추임새나 '없는데…', '같은데…'와 같이 제대로 끝맺음하지 못하는 말투

<mark>는 상대방에게 신뢰를 주지 못해요.</mark> 이런 불필요한 언어 습관만 고쳐도 훨씬 조리 있게 생각을 표현할 수 있어요.

명확한 단어 사용하기

거시기를 피하라

참가자가 심사위원과 대화가 어긋나는 이유 중 하나는 단어를 서로 다르게 이해하기 때문입니다. '노래'라고 했을 때 가창력을 평가할 수 있는 노래가 떠오르기도 하고, 배경음악이 떠오르기도 합니다.

심사위원이 말한 '노래 없이 춤'은 노래를 부르지 않고 춤만 추는 것을 의미할 수도 있고, 배경음악 없는 무반주 춤을 의미할 수도 있죠. 참가자는 무반주 춤을 떠올리며 불가능하다고 대답했어요.

또 '이렇게'라는 말도 헷갈릴 수 있는 부분이에요. "노래를… 이렇게… 안 했어요"에서 '이렇게'가 무엇일까요? 맥락상 추론하면 춤은 준비했는데, 그 춤에 어울리는 배경음악을 준비하지 못했다는 의미입니다. 대화 속에서 상대방이 이 의미를 알아채기는 쉽지 않아요.

'여기, 저기, 거기', '이것, 저것, 그것'은 무언가를 대신해서 나타내는 대명사입니다. 이 대명사는 효율적으로 표현할 때는 좋지만, 상대방이 이해하기 힘들 수 있어요. "거기 가자!"라고 하면 상대방은 "거기가 어디야?"라고 반응해요. <mark>대명사는 대신 나타내는 것이 명확할 때만 사용해야 합니다.</mark>

'거시기'라는 말 들어봤나요? 이름이 얼른 생각나지 않거나 바로 말하기 곤란한 사람 또는 사물을 가리키는 대명사로 쓰입니다. 상대방이 대충 '거시기'라고 이야기하면, 듣는 사람은 수수께끼 맞히듯이 계속 고민해야 해요. 이렇게 상대방을 힘들게 하는 상황은 피해야 합니다. 최대한 대상을 명확하게 표현하는 습관이 중요합니다.

구조화해서 전달하기

일타강사 유노윤호의 레슨

앞에서 의도를 제대로 전달하지 못한 모습과 다르게 명확히 의도를 전달한 좋은 사례를 공유할게요. SNS에서 다시 큰 인기를 누리고 있는 가수 유노윤호의 노래 〈Thank U〉의 가사를 살펴보겠습니다. 한 번 들으면 잊히지 않아 '일타강사 유노윤호'라는 별명을 만든 노래입니다.

이건 첫 번째 레슨 좋은 건 너만 알기

이제 두 번째 레슨 슬픔도 너만 갖기

좋은 걸 나눴다가(I hate this)

이게 대체 왜(왜)

아파도 그저(I hate this)

더 외롭게 돼

드디어 세 번째 레슨 일희일비 않기

좀 더 강해져야 돼

웃어넘길 수 있게

이 노래를 듣고 나면 세 가지 레슨 내용이 바로 머릿속에 새겨집니다. 의도한 내용을 가장 먼저 명확하게 말하고, 부가 설명은 나중에 하죠. 이런 방법을 머리 두(頭)를 써서 두괄식이라고 합니다. 친절하게 첫째, 둘째, 셋째 순서를 정해 구조화해서 알려주고 또 반복해서 들려줍니다. 그러니 기억에 남을 수밖에 없어요. 여기에 조리 있게 말하기의 포인트가 모두 포함되어 있습니다. 일타강사란 별명이 붙을 만합니다.

수많은 사람들이 이 노래를 바탕으로 가사를 바꿔서 자신들이 전하고 싶은 메시지로 콘텐츠를 만들어요. 맞춤법 레슨, 스트레칭 레슨, 제주 고깃집 레슨 등 다양합니다. 그중 아빠가 아들에게 전하는 레슨 콘텐츠를 살펴볼게요.

이건 첫 번째 레슨 옷, 양말 거꾸로 벗지 않기

이건 두 번째 레슨 가방은 제자리에 걸기!

아빠 말 안 들었다가 넌 혼나게 돼

혼나기 전에 내 말 좀 들어!

드디어 세 번째 레슨 더 이상 키링 사지 않기!
이건 네 번째 레슨 밥 먹기 전에 군것질하지 않기!
이건 다섯 번째 레슨 밤늦게 쿵쿵대지 않기!

이렇게 열 번째 레슨까지도 가능하겠죠? 여러분도 누군가에게 설명하고 싶은 내용이 있을 때 일타강사 유노윤호를 떠올리세요. 조리 있게 말하기 첫 번째 레슨! 말할 내용 미리 생각하기. 두 번째 레슨! 간단하고 명확하게 두괄식으로 말하기. 세 번째 레슨! 친절하게 구조화해서 전달하고 반복하기.

띄어쓰기 주의하기

오다 주웠다?

많은 사람들이 띄어쓰기를 힘들어합니다. 그래서 띄어쓰기를 전혀 하지 않은 글도 SNS에서 종종 보여요. 본인은 귀찮다고 대충 쓰지만, 띄어쓰기가 엉망인 글을 읽으면 이해하기가 힘듭니다.

야너나그돈안준지몇주더된것왜말안해?

띄어쓰기가 하나도 되지 않은 이 문장을 읽으면 머리가 지끈지끈 아픕니다. 하지만 제대로 띄어쓰기를 하는 것도 쉽지 않아요. 한번 도전해보세요.

야너나그돈안준지몇주더된것왜말안해?

정답은 모두 띄어 써야 해요. 누군가는 비효율적이라고 하지만 띄어쓰기는 정확한 의미 전달을 위해서도 필요합니다. 조금 복잡한 것을 넘어 잘못 띄어 쓰면 의미가 달라질 수 있거든요.

대표적으로 교과서에 나온 '아버지가방에들어가신다'가 있죠. 띄어쓰기에 따라 뜻이 달라집니다. '아버지가 방에 들어가신다'와 '아버지 가방에 들어가신다'로 나누어집니다. 이처럼 띄어쓰기의 중요성으로 화제가 된 내용을 볼게요.

1. 막내가 좋아? → 막, 내가 좋아?
2. 나약하지 않아! → 나, 약하지 않아!
3. 밤새운 거야? → 밤새, 운 거야?
4. 아가라구요! → 아, 가라구요!
5. 너나 가져! → 너, 나 가져!

띄어쓰기만 다르게 해도 의미랑 분위기에 큰 차이가 납니다. 특히 "밤새운 거야?"는 시험 기간에 공부하다가 밤을 새우거나, 게임을 하다 잠을 자지 않은 상황이 떠올라요. 하지만 "밤 새 운 거야?"는 슬픈 상황이 자연스럽게 그려지죠. 여러분이 한 번 만들어볼까요?

오다주웠다 → _____

이불안속에서 → _____

채팅 창에 친구가 '오다주웠다' 다섯 글자를 썼다고 합시다. 띄어쓰기에 따라 어떻게 달라지는지 나누어보세요. 우선 '오다 주웠다'는 누군가에게 선물해주는 상황이 떠오르죠. 기프티콘을 주면서 농담과 함께 툭 건네주는 느낌입니다. 또 '오! 다 주웠다'는 중요한 것들을 바닥에 떨어뜨린 상황이 떠오릅니다. 드디어 다 주웠다는 성취감이 느껴져요.

다음 '이불안속에서'도 '이불 안 속에서'와 '이 불안 속에서'로 나눌 수 있습니다. 띄어쓰기 하나로 포근한 이불과 심리적 불안으로 의미가 달라진다는 사실이 흥미롭습니다.

맞춤법에서도 띄어쓰기는 정말 어려운 영역이에요. '원칙'과 '허용'으로 예외 사항도 많기 때문에 완벽한 띄어쓰기에 대한 부담은 내려놓아도 됩니다. 대신 상대방에게 의미가 잘 전달되는지, 오해를 불러일으키지는 않는지 확인할 필요가 있어요. 의미를 중심으로 상대방이 혼란스럽지 않도록 신경 써주세요.

자중해~!!

말을 할 때는 글을 쓸 때보다 간단하게 표현하는 경우가 많아요. 그래서 문장 성분을 자주 생략하기도 합니다. 하지만 중요한 문장 성분을 생략하면 상대방이 오해할 수 있어요. 다음은 SBS 예능 프로그램 〈런닝맨〉에서 나온 대화를 조금 수정한 내용이에요.

펜싱 선수: 유행어 듣고 싶어요.

연예인 A: 자중해~!!

연예인 B: 저쪽에서 보여줬으니까 여기도 하나만 보여주세요.

펜싱 선수: 자중해~!!

연예인 B: 펜싱을 보여달라니까…!

펜싱 선수: 아. 똑같이 따라하라는 줄 알고….

연예인 A: 그럼 이것도 해주세요. "저리 가!!"

펜싱 선수: (물병 들고 펜싱 자세) 얍!

연예인 B: 이번엔 유행어를 시킨 건데….

묘하게 대화가 엇갈립니다. 그 이유는 문장에서 대상을 빼먹고 말해 서로 오해한 것이지요. "여기도 하나만 보여주세요"라고 했을 때, 말한 사람의 의도는 무엇일까요? 개그맨이 유행어를 했으니, 이에 대응해서 펜싱 선수는 펜싱 기술을 하나만 보여달라는 의미였어요. 하지만 상대방은 유행어를 보여달라고 하는 줄 알았죠.

그다음도 "이것도 해주세요"라고 했을 때, 이것이 가리키는 것은 뒤에 나오는 유행어입니다. 하지만 펜싱 선수는 앞에서처럼 저쪽에서 개인기 한 번 받았으니, 이쪽에서 개인기 한 번 해야겠구나라고 생각하고 아까 하지 못한 펜싱 기술을 보여줍니다. 묘하게 엇갈리죠.

여러 문장 성분이 있지만 의미상 꼭 챙겨야 하는 문장 성분으로 주어, 목적어, 서술어가 있어요. 예를 들어 '이승화가 밥을 먹는다'라는 문장에서는 누가, 무엇을, 어떻게 하는지 모두 중요하죠. 이 내용들을 구분해봅니다.

1. 주어

문장에서 동작이나 상태, 성질의 주체가 됩니다. 실질적인 행위의 주체를 주어라고 해요. 'ㅇㅇ가 어떠하다, ㅇㅇ이 어찌하다, ㅇㅇ는 무엇이다'에서 'ㅇㅇ'에 해당하는 부분이에요. 이야기에 주인공이 있는 것처럼, 문장의 주인이라고 생각해주세요.

A: 온다! 조심해! → 누가 오나요?

예: 자동차가 온다, 자전거가 온다, 큰 개가 온다.

2. 목적어

문장에서 동작의 대상이 됩니다. 문장에서 주어, 서술어와 함께 필수 성분이에요. 목적어를 필요로 하는 서술어가 있을 때는 알맹이 역할을 하지만, 그렇지 않을 때는 쓰이지 않아요.

A: 선생님이 내일 가져오래! → 무엇을 가져오나요?

예: 책을 가져오래, 도시락을 가져오래, 비옷을 가져오래.

3. 서술어

문장에서 주어의 동작이나 상태, 성질을 설명합니다. 앞에서 배운 주어의 동작이나 상태를 나타내요. '○○가 어찌하다, ○○이 어떠하다, ○○는 무엇이다'에서 '어떠하다', '어찌하다', '무엇이다'에 해당해요.

A: 승화야! 밥 좀! → 무엇을 해야 하나요?

예: 밥 좀 사줘. 밥 좀 같이 먹자! 밥 좀 먹지 마!

매끄러운 소통을 위해선 생략을 주의해야 해요. 상대방이 한 번에 의미를 알아들을 수 있도록 의미를 전달하는 것이 가장 중요해요. 꼭 필요한 문장 성분만 잘 채워 넣어서 분명하게 말해도 똑 부러지게 말한다는 소리를 듣습니다.

누가 무엇을 어떻게 했다고?

정확한 의미 전달을 위해서는 '누가' '무엇을' '어찌하다/어떠하다'의 관계가 명확해야 해요. 이러한 주어, 목적어, 서술어에서 호응이 맞지 않으면 의미가 뒤죽박죽 섞입니다. 특히 주어(누가)와 서술어(어찌하다, 어떠하다)는 명확하게 연결되어야 해요.

성적이 나쁜 학생은 보충수업을 시켜야 한다.

이 문장은 뭔가 어색합니다. 주어를 찾으면 (성적이 나쁜) 학생이에요. 그런데 이 학생은 보충수업을 받는 사람일까요? 시키는 사람일까요? 서술어 '시켜야 한다'와 어울리지 않습니다.

주어 '학생'을 중심으로 바꾸면 **"성적이 나쁜 학생은 보충수업을 받아야 한다!"**입니다. 그럼 '학생'과 '받아야 한다'가 제대로 호응해요. 서술어 '시켜야 한다'를 중심으로 바꾸면 어울리는 주어를 새로 만들어야 해요. **"선생님은 성적이 나쁜 학생에게 보충수업을 시켜야 한다"**로 문장을 수정하면 '선생님'과 '시켜야 한다'가 적절하게 호응합니다.

일단 거짓말은 자신이 잘못한 사실을 숨길 때 그리고 떳떳하지 못한 행동을 하였을 때 한다.

이번 문장도 조금 어색합니다. 주어인 '거짓말'과 서술어 '한다'가 어울리지 않습니다. '거짓말'은 무엇을 직접 할 수 있는 주체가 아니에요. '거짓말'은 '나온다'와 어울립니다. **"일단 거짓말은 자신이 잘못한 사실을 숨길 때 그리고 떳떳하지 못한 행동을 하였을 때 나온다"**, 아니면 '사람은'을 추가하면 서술어 (거짓말을) '한다'에 어울리는 호응 관계가 완성돼요. **"사람은 자신이 잘못한 사실을 숨길 때 그리고 떳떳하지 못한 행동을 하였을 때 거짓말을 한다."**

나는 국어 공부를 다른 과목보단 더 흥미를 가졌었고 문학과 문법, 독해를 열심히 공부한다면 자신감 있게 900점 이상을 받는 것이 나의 소원이다.

하고 싶은 말은 많은데 제대로 정돈되지 않아 문장 성분이 뒤섞이는 경우도 많습니다. 문장이 길어지면 실수할 확률이 커요. 그래서 너무 길게 말하거나 쓰지 않도록 길이를 조절해야 합니다. 그러니 우선 문장을 나누어봅시다.

1. 나는 국어 공부를 다른 과목보단 더 흥미를 가졌었다.
2. 나는 문학과 문법, 독해를 열심히 공부한다면 자신감 있게 900점 이상을 받는 것이 나의 소원이다.

나누고 보니 2번 문장의 주어 '나'와 서술어 '나의 소원이다'

의 호응 관계가 어색합니다. '나'의 주어를 유지하려면 서술어 '받을 것이다'를 새로 만들 수 있어요.

나는 문학과 문법, 독해를 열심히 공부해서 자신감 있게 900점 이상을 받을 것이다.

뒤섞인 문장 구조를 간단하게 풀었더니 훨씬 의미가 명확하게 전달됩니다. **말할 때도 주저리주저리 너무 길게 말하면 방향을 잃게 되니, 길이 조절부터 시작해요. 그리고 명확한 주어-목적어-서술어의 문장 구조를 생각해서 전달하세요.**

저 아직 못 내렸어요

심리적으로 말하기를 두려워하는 학생들도 많아요. 버스에서 기사님께 "저 아직 못 내렸어요!"를 말하지 못해서 다음 정거장까지 갔다는 후기는 꽤 자주 볼 수 있어요. 가게에서 주문하는 것도 힘들어서 키오스크가 없으면 되돌아 나오는 학생도 있고요. 가족 아닌 사람과의 전화는 부담스러워서 걸지도, 받지도 않아요. 다른 사람들 앞에서 말할 때는 발표 공포증으로 많은 스트레스를 받기도 합니다.

외향적인 성향과 내향적인 성향의 차이 때문이라고 말하는 사람들도 있어요. 물론 외향적인 사람들이 낯선 상황에서 긴장을 덜 할 수는 있어요. 하지만 내향적인 사람이라고 말을 하지 않고 지낼 수는 없습니다. 그러니 의도적인 노력이 필요해요. 친목 도모가 아닌 대화에서는 기본적인 요소만 갖추어도 어렵지 않게 생각을 전할 수 있어요. 발표 공포증을 극복하는 방법을 알아볼게요.

우선 몸의 긴장을 먼저 푸세요. 그럼 마음의 긴장도 함께 풀리는 경우가 많아요. 어깨에 힘을 쭉 빼고, 깊은 호흡을 합니다. 속으로 하나, 둘, 셋 숫자를 세면서 여유를 갖습니다. 긴장할수록 말이 빠르게 나오는 경우가 있는데, 조금 천천히 또박또박 말하면 마음도 안정돼요.

그리고 상대방을 편하게 생각합니다. 듣는 사람들을 너무 부담스러운 존재로 인식하지 마세요. 상대방은 나를 공격하기 위해 있는 것이 아닙니다. 내 이야기를 들어줄 준비가 되어 있는 고마운 존재라고 생각해요. 그런 대상을 떠올리며 말하세요.

다음은 완벽하게 잘하려는 마음을 내려놓아요. 멋진 모습을 보여주고 싶은 마음도 이해하지만, 스스로 부담감을 가질수록 자연스럽지 않은 모습이 나옵니다. 내가 실수해도 나를 비난할 사람은 없어요. 마음의 여유가 필요해요.

마지막으로 가슴을 펴고 고개를 들어 멀리 바라봅니다. 땅만 보며 이야기하거나, 준비한 인쇄물로 얼굴을 가린 상태에서 말하는 학생들이 있어요. 숨고 싶은 마음은 알겠지만, 조금 더 용기를 내보아요. 상대방 눈을 마주치기 부담스러우면 조금 멀리 본다고 생각해도 좋아요.

집에서 부모님과는 대화를 잘하는데 학교 가서 친구들과는 대화를 거부하는 학생. 친한 친구들과는 대화를 잘하지만 낯선 사람과는 말을 섞지 않는 학생. 선택적으로 입을 다무는 학생들도 있어요.

여기에는 **결국 심리적 원인이 큽니다. 조금 더 시간을 가지고 익숙해지도록 노력해야 해요.** 학교라는 부담스러운 공간, 낯선 사람과의 관계 모두 적응의 대상입니다. 아주 서서히 친해지고 익숙해지면서 심리적 불안이 줄어들었을 때, 자연스럽게 이야기가 시작될 거예요.

생각 정리하기

시작-중간-끝

말하기가 두려운 학생들 대부분은 생각을 말로 표현하는 것에 익숙하지 않아요. 생각이 정리되지 않은 경우가 많아서 횡설수설하게 됩니다.

그리고 "뭐라고?", "다시 말해봐!", "제대로 말해!" 등의 부정적인 피드백을 받다 보면 움츠러들고 즉각적으로 주고받는 대화가 점점 더 부담스러워져요.

그럴 때는 대화 상황을 머릿속으로 그려보아야 합니다. 이를 바탕으로 명확하게 전달하고 싶은 내용을 준비해요. 앞에서 다루었던 오디션 프로그램 사례를 바탕으로 살펴볼게요.

상황: 노래를 부르거나 춤을 추는 오디션 무대
문제: 노래를 준비하지 못함, 춤 배경음악도 준비하지 못함
요구사항: 무반주 춤은 힘들고, 춤을 추기 위한 노래가 필요함

이 정도의 분석을 바탕으로 이야기를 전해도, 상대방은 필요한 내용을 이해할 수 있어요. 즉각적인 반응이 힘들어도 명확한 목표 의식이 있으면 중심을 잡을 수 있습니다.

생각을 정리할 때, '시작 – 중간 – 끝' 3단계를 나누어보세요. 훨씬 정돈된 말하기가 가능합니다. 특히 한 번에 길게 말할 때는 '안녕하세요. ○○○입니다. (중략) 여기까지입니다. 감사합니다!'라고 처음과 끝만 명확히 정해도 깔끔해져요.

크게 어렵지 않지만 이것은 매우 중요합니다. 처음이 꼬이면 뒤에도 흐름이 엉키는 경우가 있어요. 끝맺음을 정하지 않으면 횡설수설 이야기가 샛길로 빠질 수 있거든요. 특히 인사만 잘해도 좋은 이미지를 얻을 수 있으니, 인사로 시작과 끝을 분명히 해보아요.

시작: 안녕하세요. 참가자 ○○○입니다.
중간: 제가 노래를 준비하지 못해서, 배경음악만 틀어주시면 맞추어 춤을

추겠습니다.

끝: 감사합니다.

전화로 무언가를 주문한다면, 주문할 내용을 미리 정리하고, 상대방의 예상 반응도 떠올려요. 그 예상 반응에 나는 또 어떻게 대응하면 좋을지 상상합니다. 머릿속에 이 상황을 드라마처럼 떠올려보고, 필요하면 메모를 해도 좋아요.

처음엔 두렵겠지만 나의 생각을 명확하게 전달하고 표현하는 연습을 의도적으로 할 필요가 있어요. 회피하지 말고 전화 주문도 하고, 가게 심부름도 하면서 훈련하다 보면 익숙해집니다. 경험이 최고의 스승이랍니다.

나만의 머릿속 책장

생각을 정리하면 좋은 건 알겠는데, 어떻게 정리하는지 막막하죠? 효율적으로 생각을 정리하는 방법을 책장 정리에 비유해서 소개할게요. 정리가 잘 되면 쉽게 원하는 책을 찾을 수 있어요. 하지만 정리가 안 되면 찾는 데 오랜 시간이 걸립니다.

1. 우선 책을 구한다.

책이 없으면 정리할 것도 없죠. 책이 없으면 찾는 내용도 당연히 없어요. 그러니 말이 잘 안 나오고 글도 안 써집니다. 기본 배경지식은 차곡차곡 쌓아야 해요. 내가 좋아하는 책들, 관심 있는 주제의 책들, 누군가에게 선물받은 책들을 충분히 모으는 것부터 시작해요.

2. 기준을 정해서 책을 분류한다.

도서 분류의 포인트는 기준입니다. 무엇을 기준으로 묶고 나눌 것인지 정하는 게 중요해요. 주제로 나눈다고 하면 도서관 처럼 역사, 철학, 소설, 사회, 과학 등의 분류 기준이 떠오릅니다. 또 본인의 필요성을 기준으로 정리할 수도 있어요. 같은 색 깔의 책들을 모으거나, 책의 크기가 같은 것끼리 묶을 수도 있 어요. 나의 책장이니까요.

심지어는 같은 책도 주제가 여러 가지라서 분류하기 힘들 때가 있어요. 조선시대 역사를 다룬 소설은 '역사'에 둘까요? '소설'에 둘까요? 소설 형식을 빌려서 철학적 메시지를 전달하 는 소설은 '철학'에 둘까요? '소설'에 둘까요?

이때 소설 안에서도 또 세분화해서 분류할 수 있어요. '로맨 스 소설', '추리 소설', '역사 소설', '인문 철학 소설' 등. 기준을 정하고 나누면 됩니다. 이렇게 상위 개념과 하위 개념을 정하고 체계적으로 분류하면 나중에 찾기 좋습니다.

3. 적절하게 배치한다.

책장의 여러 위치 중에서 어디에 놓을 것인지 고민해요. 가장 높은 곳부터 낮은 곳까지 다양한 위치가 있으니 기준을 정해 책들을 배치해야 합니다. 가장 자주 보는 책들을 눈높이에 맞추어 놓을 수도 있고, 표지가 예쁜 책들을 중심으로 놓을 수도 있고 다양해요.

서점에 가서 보면 서점마다 조금씩 책의 배치가 다릅니다. 가장 많이 팔리는 책, 요즘 뜨는 책, 유명한 사람이 소개한 책 등 다양한 기준의 책을 손님들 동선에 맞게 배치해요. 여러분도 언제든지 꺼내기 좋도록 적절하게 배치합니다.

처음에는 배치한 위치가 헷갈릴 수 있어요. 우선 자주 찾아보고 꺼내보아야 익숙해집니다. 찾는 속도가 빨라질수록 말도 잘 나오고 글도 잘 써져요. 그리고 더 편한 방법이 떠오르면 중간중간 배치를 바꿀 수도 있어요.

여러분 친구네 집 냉장고 문 열어본 적 있나요? 원하는 음식을 찾기 힘들 거예요. 가정마다 정리하는 방식이 다르기 때문입니다. 마찬가지로 친구의 책장에서 원하는 책을 찾기 쉽지 않죠. 대신 직접 정리한 사람은 쉽게 잘 찾아요. 그렇게 나만의 기준으로 책장도 정리하고 머릿속도 정리하면 필요한 것을 그때그때 쉽게 꺼낼 수 있답니다.

매듭짓기 이것만은 꼭!

1. 자신감 없는 말투와 행동 조심하기

2. 전하고 싶은 메시지 생각하고 구조화하기

3. 두괄식, 기본 문법 챙기며 친절하게 전달하기

4. 심리적 부담 내려놓고 상대방을 대하기

5. 생각을 체계적으로 정리하고 자주 꺼내기

듣는 사람, 읽는 사람이 중요하다

호흡이 잘 맞는 스피드 퀴즈

지속적으로 반복하는 내용이 바로 읽기는 대화, 상호작용이라는 사실입니다. 듣는 사람 입장에서 말하는 사람을 고려하여 귀를 쫑긋하고, 읽는 사람은 글쓴이 의도를 파악하며 읽어야 해요.

반대로 말하는 사람 입장에서는 듣는 사람을 고려하여 말하고, 쓰는 사람은 읽는 사람을 고려하여 글을 써야 합니다. 같은 내용을 설명해도 상대방에 따라 달라집니다.

이를 명확하게 보여주는 게임이 '단어 스피드 퀴즈'예요. 많은 예능과 행사에서 볼 수 있죠. 상대방이 알아맞힐 수 있도록 단어를 설명하는데, 얼마나 정확히 설명하느냐보다 중요한 것은 상대방에게 정답을 이끌어내는 일이에요. 그래서 호흡이 정말 중요합니다.

tvN 예능 프로그램 〈서진이네〉에서 보여준 두 배우의 음식 관련 단어 스피드 퀴즈를 볼게요. 어려운 단어를 재치 있게 빠른 속도로 맞힙니다. 어떻게 설명했을까요?

> **제시어: 묵은지 김밥**
>
> **A 배우:** 우리 편의점에서 봤던 거! (…) "어? 이건 어때요?" 했더니 형님이 "어? 이거 별론데." 했어요.
>
> **B 배우:** 묵은지 김밥

> **제시어: 독도새우**
>
> **A 배우:** 우리 어저께 먹은 음식! 4글자! 우리가 이걸 먹으려고 하다가 못 먹고 라면에 넣었어.
>
> **B 배우:** 독도새우

'묵은지 김밥', '독도새우'는 정말 맞히기 쉽지 않습니다. 만약 제가 참여자이고 모르는 사람에게 설명한다면 이렇게 자세하게 말했을 거예요.

> **묵은지 김밥:** 소풍 갈 때 자주 먹는 음식인데, 그 음식에 오래된 김치를 넣어서 만들었어요.
>
> **독도새우:** 울릉도 옆에 있는 작은 섬! 그 섬에서 나는 해산물인데, 등이 굽었고요! 고래들 싸움에 ○○등 터진다는 속담도 있어요!

같은 단어를 설명하지만 정말 다르게 접근합니다. 이는 말하는 사람과 듣는 사람의 관계가 다르기 때문이에요. 저도 친한 친구에게 설명한다면 다르게 전달할 수 있어요.

> **묵은지 김밥:** 우리 회사에서 아침마다 주던 음식!
> **독도새우:** 같이 울릉도 갔을 때, 네가 제일 맛있게 먹은 음식!

설명하는 내용이 친절하진 않지만, 그 친구는 함께 공유한 경험, 맥락이 있기 때문에 쉽게 맞힐 수 있습니다. 이렇게 **상대 방에 맞게 유연하게 접근하는 태도가 중요해요.**

자신의 관점에서 벗어나기

먹으면 하늘로 떠오르는 빵

상대방을 고려하지 않고 말하거나 글을 쓰면, 메시지가 제대로 전달되지 않죠. SBS 예능 프로그램 〈글로벌 붕어빵〉에서 어린이들이 스피드 퀴즈를 합니다. 자신의 기준으로만 설명해서 파트너가 정답을 맞히지 못해요.

> **제시어: 구름빵**
> A 어린이: 동화에서 나오는데, 이걸 먹으면 하늘로 높이 떠올라.
> B 어린이: ??
> A 어린이: ○○빵인데….

B 어린이: 공갈빵?

제시어: 복숭아

A 어린이: 내가 제일 좋아하는 과일이야.

B 어린이: 토마토.

A 어린이: 토마토보다 좀 연해.

B 어린이: 사과.

A 어린이: 나무에 걸려 있어.

여기서 A 어린이는 자신을 중심으로 설명해요. 본인이 본 동화책 『구름빵』을 생각하며 설명하지만, 상대방은 그 동화를 읽지 못했어요. 이 동화책을 읽었으면 정말 쉬운 문제지만, 안 읽은 상태에서는 정말 낯선 단어죠. 결국 다르게 설명하지 못하고 통과합니다.

또 복숭아를 설명할 때도, 본인이 가장 좋아하는 과일이라고 말합니다. 정말 친한 관계가 아닌 이상 상대방은 정확히 알기 힘들어요. 상대방이 좋아하거나 싫어하는 과일, 함께 공유했던 경험을 꺼내지 않고 본인 입장에 갇혀 설명하니 한계가 있어요. 여러분이라면 어떻게 설명할 수 있을까요?

패션왕 할아버지

처음 설명이 통하지 않는다면 듣는 상대방에 맞춰 다른 방향으로 접근해야 합니다. 이번에는 같은 프로그램에서 엄마가 어린 아들과 스피드 퀴즈를 해요. 엄마는 아들에 맞춰 효과적으로 제시어를 설명해요.

제시어: 할아버지

엄마: 시골 가면 맛있는 거 해다 주시는 분.

아들: ???

엄마: 할머니 말고 누구지?

아들: ???

엄마: 네가 좋아하는 황금목걸이 하고 다니는 사람! 메리야스에 황금 목걸이! 네가 따라했잖아.

아들: 할아버지!

처음에 엄마는 먹을 것으로 접근합니다. 하지만 아이는 잘 떠올리지 못해요. 그래서 다음은 가족관계로 접근해요. 할머니와 할아버지, 엄마 아빠와 같은 연결고리를 떠올리게 했지만 실패합니다.

그때 엄마는 아이 입장에서 강렬한 기억을 자극해요. 아이가 좋아하는 할아버지 액세서리, 관심 있게 보던 패션! 이 부분을 자극하니 바로 정답이 나옵니다. 엄마가 떠올리는 이미지가 아니라 아이가 떠올리는 이미지를 설명한 결과죠.

이렇게 우리는 ==상대방 입장에서 생각하고 접근해야 효과적인 소통을 할 수 있어요.== 큰소리로 또박또박 당차게 말하는 모습도 중요하지만, 소통에선 상대방에 대한 존중과 배려도 중요합니다. 항상 내 이야기를 듣는 사람, 읽는 사람 입장을 떠올리세요.

대상에 따라 다르게 접근하기

노담과 금연 차이

보건복지부에서는 대한민국 청소년들 흡연을 예방하고자 'No 담배'라는 의미의 노담 캠페인을 진행하고 있어요. 기존에도 금연 캠페인은 꾸준히 진행했지만, 청소년을 대상으로 한 노담 캠페인은 결이 달라요.

똑같이 "담배 피우지 마세요!"라는 메시지를 전하지만 대상이 다르기 때문에 다른 전략으로 접근해요. 이름부터도 한자어 '금연(禁煙)'과 줄임말 '노담'은 무게감이 다르죠. 두 가지 대표적인 금연 광고를 비교 분석해볼게요. 포스터 저작권 정책에 따라 원본 포스터 대신 생성형 AI로 제작한 이미지를 공유합니다.

이미지 밝기, 인물들 표정 차이가 눈에 확 들어오죠. 성인을 대상으로 하는 금연 포스터에는 진지한 궁서체로 '폐암 주

금연 광고와 노담 광고 AI 이미지

세요', '뇌졸중 주세요', '후두암 주세요' 등의 문장이 크게 쓰여 있습니다.

청소년을 대상으로 하는 노담 포스터에는 '날려봐! 노담 TAG', '노담: 담배 안 피움' 등의 문장이 귀여운 서체로 크게 쓰여 있습니다. 밝은 이미지의 포스터로 학생들이 거부감을 느끼지 않고 캠페인에 참여할 수 있도록 유도해요. TAG를 통해 친구들에게 공유해야 하는데 어둡고 무서운 것을 공유할 수는 없겠죠.

성인들의 금연 광고는 '건강'을 중요시합니다. 흡연은 질병이고 건강이 악화될 수 있으니 금연으로 치료해야 한다는 메시지를 전달해요. 건강에 민감한 어른들의 불안을 자극합니다.

반면에 청소년들은 건강을 크게 걱정하지 않아요. 대신 주변 친구들의 영향을 받습니다. 잘 보이고 싶은 마음도 커요. 학업 스트레스도 많이 받죠. 그 부분을 자극하는 맞춤형 노담 멘트가 스마트폰, 태블릿PC, 노트북 안에 담겨 있습니다. '너 요즘 스타일 스타일 하는데 담배 냄새 나면 폭망인 거 알지?', '수능은 체력전이래~ 끝까지 노담하자! OK?', '관심 없음 이런 말도 안 해. 우리 꼭 노담하자!' 등 성인들과 확실히 접근 방식이 다르죠.

이렇게 **같은 메시지도 보는 사람, 듣는 사람에 따라 다르게 접근해야 효과적입니다.** 결국 메시지는 상대방에게 가닿을 때 완성되니까요. 그래서 우리는 상대방을 관찰해야 해요.

노담이면 게임을 잘할 수 있다고?

심지어 새로운 버전 '노담 사피엔스' 캠페인은 노담이 능력이 된 새로운 인류를 말합니다. 어떤 능력이 생길까요? 대상에 따라 필요한 능력이 다르겠죠. 그래서 청소년과 대학생, 군인을 나누어 다른 방식으로 접근합니다.

우선 청소년은 담배를 피우지 않으면 게임을 더 잘할 수 있다는 말로 설득해요. PC방에서 학생들이 게임을 하는데, 몇몇 친구들이 담배를 피우러 갑니다. 그리고 한 학생은 담배를 피우지 않고 게임을 해요.

> **담배 피우는 학생 1:** 나 왜 집중이 안 되지?
>
> **자막:** (노담 학생을 보여주며) 목표를 놓치지 않는 초집중력!
>
> **담배 피우는 학생 2:** 난 왜 빠른 클릭이 안 되지?
>
> **자막:** (노담 학생을 보여주며) 보급템을 사수하고야 마는 쾌속반응력!
>
> **담배 피우는 학생 3:** 발소리만 들려도 심장이 자꾸 뛰어.
>
> **자막:** (노담 학생을 보여주며) 어떤 상황에도 흔들리지 않는 평정심유지력!

청소년 버전 캠페인에서는 학생들 관심사인 게임을 활용해서 초집중력, 쾌속반응력, 평정심유지력을 강조합니다. 만약 공부를 더 잘하게 된다고 하면 어땠을까요? 학생들마다 공부를 잘하고 싶은 욕구와 게임을 잘하고 싶은 욕구가 다르더라고요.

대학생 버전은 새로운 관계를 맺을 때 상대방에게 호감을 주는 절대미각력, 첫인상기억력, 향기보존력을 강조합니다. 군인 버전에선 효과적인 군생활 적응을 위한 반복근력, 복식발성력, 상황판단력을 얻을 수 있다고 해요. 상황에 따라 다른 대상을 고려한 기획입니다.

생각해보면 여러분도 친구에게 말할 때, 선생님에게 말할 때, 부모님에게 말할 때 모두 조금씩 다르지 않나요? 그렇다면 효과적으로 표현하는 방법을 사용하고 있는 거예요. 우선 성향에 따라 나누어볼게요.

친구들 중에서도 성격이 다른 친구들에게는 맞춤형 접근이 필요할 때가 있어요. 고민을 이야기할 때, 안아주고 공감해주기를 바라는 친구도 있고, 함께 머리를 맞대고 문제를 해결하길 바라는 친구도 있습니다.

한 학생은 가족에게 부탁할 때, 이러한 전략을 효과적으로 사용하고 있었어요. 할머니에게 부탁할 때는 감성적으로 접근해요. 진정으로 갖고 싶은 마음을 표현하면 할머니는 '우리 애기'라고 반응하시며 긍정적으로 반응해요. 다정한 말과 함께 원하는 내용이 이루어지곤 합니다.

대신 어머니에게는 이런 전략이 먹히지 않아요. 명확하게 필요한 이유와 이를 통해서 얻을 수 있는 좋은 점 등을 논리적으로 말해요. 무언가 담보를 걸거나 추가 약속이 필요할 때도 있어요.

말을 하거나 글을 쓸 때는 서로 공을 주고받는 캐치볼을 떠올리세요. 우선 상대방이 공을 받을 준비가 되었는지 확인해야겠죠. 그리고 공을 받는 상대방이 누구인지에 따라 공을 힘껏 던질지, 약하게 던질지 조절해야 합니다. 상대방도 나에게 공을 다시 던질 상황도 미리 고려하면 더 좋습니다.

지식의 저주?

여러분이 주말에 영화를 재미있게 보고 학교에서 친구들과 이야기를 나눠요. 그때 그 영화를 본 친구와 영화를 보지 못한 친구의 반응에는 큰 차이가 있을 거예요. 그때 대화 전에 물어봐야 하는 질문이 있습니다. "그 영화 봤어?"

그 영화를 본 친구라면 기본 내용은 알고 있기 때문에 더 깊은 이야기를 나눌 수 있어요. 하지만 보지 않은 친구에게는 기본 내용을 차근차근 설명해야 합니다. 또 스포일러를 싫어하는 친구에게는 결말을 이야기하지 않도록 조심해야 하죠. 상대방을 고려해서 생각할 게 많습니다.

또 친구가 모르는 문제를 알려달라고 했을 때, 여러분은 여러 가지 경험을 하게 될 거예요. 같은 문제를 설명해준다고 했을 때도, 상대방에 따라 다르게 전달해야 합니다.

기본 지식을 가지고 있는 친구는 작은 힌트만 줘도 알아서 해결합니다. 반면에 기본 지식이 없는 친구는 정말 쉽게 기초부터 설명해주어야 하죠. 이 눈높이를 맞추지 못했을 때 갈등이 생기기도 해요. "이것도 몰라…?"

'지식의 저주'라는 말이 있어요. 내가 가지고 있는 지식이 오히려 방해가 되는 상황이에요. 상대방도 나처럼 알고 있을 것이라고 생각해서 편하게 말했을 때, 메시지가 제대로 전달되지 않으니까요.

대화의 시작은 상대방과 나의 배경지식이 같지 않다는 사실을 아는 거예요. 상대방도 나만큼 알고 있고, 좋아하고, 관심 있다는 생각을 내려놓아야 합니다. 그래서 상대방에게 관심을 갖고 물어보고 확인해야 해요.

상대방이 어느 정도 알고 있으면 좀 더 깊이 있게 접근해도 되고, 모르고 있으면 쉽게 접근하면서 조절해야 합니다. 그렇게 해야 내가 전하고 싶은 메시지가 잘 전달돼요.

성향도 마찬가지입니다. "내가 왜 너의 성향에 맞추어야 해?"라는 뾰족한 마음보다는 상대방을 이해하려는 넓은 마음이 필요해요. 잘 모르겠으면 "지금 너의 마음은 어때? 내가 어떻게 반응하면 좋겠어?"라고 묻는 것도 방법이에요. 상대방에 대한 배려와 존중은 가장 효과적인 표현 전략입니다.

단계적으로 표현하기

아름다움이 죄라면 당신은 무죄

적절한 대화와 설명을 위해서 유연하게 표현을 조절할 수 있어야 합니다. 같은 의도를 다양한 표현으로 전달하는 연습을 하면 좋아요. 그렇게 많은 선택지를 가질 수 있다면 상황에 맞는, 상대방에 맞는 유연한 소통이 가능합니다.

채널A 교육 예능 프로그램 〈성적을 부탁해 티처스〉에서 학년이 올라갈수록 영어 독해가 어려워지는 이유를 설명한 일이 있습니다.

고1 영어표현: 당신은 못생겼다.

고2 영어표현: 당신은 추남이다.

수능식 영어표현: 아름다움이 죄라면 당신은 무죄이다.

처음에는 있는 그대로 쉽게 표현하고, 그다음은 조금 더 어려운 어휘를 사용하죠. 다음은 복잡한 문장구조와 비유적 표현을 통해 추상적인 글을 제시합니다. 이는 문맥을 통해 이해해야 해요. 전달하는 입장에서 같은 의미를 다르게 표현하는 연습을 하면 표현력을 입체적으로 기를 수 있어요. 다음 문장을 쉬운 문장으로 풀어서 적어볼게요.

1단계: 그의 생각은 현실과 관련 없다.

2단계: 그의 생각은 현실에 바탕을 두고 있지 않다.

3단계: 그의 생각은 현실에 정박해 있지 않다.

이 표현에서 '정박하다'는 배가 닻을 내리고 머무른다는 의미입니다. 배가 없는데 무슨 소리일까요? 비유적인 표현임을 생각할 수 있어요. 이 단어를 우리에게 익숙한 단어로 바꿀 수도 있고, 좀 더 쉬운 문장 구조로 전달할 수도 있죠.

1단계: 알고리즘 때문에 우리는 스스로 생각할 기회를 빼앗긴다.

2단계: 알고리즘에 우리 뇌는 종속된다.

3단계: 알고리즘은 우리 뇌를 식민지화한다.

세 문장 다 비슷한 의미입니다. '종속되다'는 스스로 일을 처리할 능력이 없어 끌려다닌다는 의미입니다. '식민지화'는 타인의 지배하에 놓이는 상황을 의미해요. 결국 알고리즘 때문에 우리는 스스로 생각하지 못한다는 의미인데, 어떻게 표현하느냐의 차이입니다.

전략적으로 표현하기

제발 마스크를 쓰세요!

코로나19 팬데믹 시기에 우리는 모두 마스크를 쓰고 다녔어요. 사람들 호흡기로 바이러스가 전염되지 않도록 모두 마스크를 쓰는 캠페인을 했습니다. 사람들의 행동을 유도하기 위한 다양한 캠페인들을 살펴볼게요.

1. 어느 마스크를 쓰시겠습니까? 남이 씌워줄 땐 늦습니다!

: 예방용 마스크와 중환자실 산소 마스크를 비교하면서 건강에 대한 염려 자극

2. 마스크 미착용 시 10만 원 과태료 부과! 기관 내 입장 금지!

: 규칙을 만들고 이를 어길 시 처벌하거나 권한을 빼앗는 방법

3. 사랑하는 가족과 이웃을 위해 마스크를 꼭 착용해주세요!

: 주변 사람들, 특히 노약자에게 피해를 끼치고 싶지 않은 마음 자극

결국 전하고 싶은 말은 '마스크를 쓰세요!'입니다. 그런데 전달하는 방식은 다양합니다. 본인 건강을 잘 챙기는 사람은 1번 캠페인이 마음에 와닿을 거예요. 마스크 쓰기 답답해도 자신의 건강을 챙기기 위해서 씁니다.

하지만 건강에 자신 있는 사람은 1번이 와닿지 않아요. 면역력으로 극복할 수 있다고 생각합니다. 하지만 벌금을 내거나 도서관에 못 들어가는 것은 억울해요. 2번 캠페인은 사람들이 어쩔 수 없이 마스크를 쓰도록 합니다.

그리고 본인 건강에도 자신 있고, 벌금도 아깝지 않은 사람들이 있어요. 하지만 내가 건강하다고 주변 사람 모두가 건강한 것은 아니죠. 나 때문에 몸이 약한 어린이나 어르신들이 피해를 본다면 큰 죄책감이 들 수 있어요. 주변에 피해는 주기 싫은 사람들은 3번 캠페인에 흔들립니다.

팬데믹 시기가 지난 지금도 마스크를 쓰는 이유는 다양해요. 독감이 유행일 때, 황사와 미세먼지가 심할 때 정부는 마스크 쓰기를 권하며 다양한 캠페인을 합니다. 꼼꼼하게 전략을 파

악해보세요.

여러분이 반장이라고 한번 생각해볼까요. 자습 시간에 몇몇 학생들이 떠들고 있습니다. 조용히 하라고 해도 잘 듣지 않아요. 그때도 전략을 다르게 써서 행동을 유도할 수 있어요.

1. 내일까지 수행평가 제출해야지. 지금 해야 나중에 고생 안 한다.
2. 자습 시간엔 조용히 해야 돼. 선생님께 명단 제출하면 떠든 학생들 벌점 받는다.
3. 몇 명이 떠들면 다른 많은 학생들이 피해 보게 되잖아. 좀 주의해줘.

비슷한 방식으로 1번은 학생에게 직접적으로 해야 할 일을 깨우쳐줍니다. 그럼 '맞다! 과제 해야지!'라는 생각이 들며 스스로 조절하게 되죠. 과제 할 마음이 없는 학생에게는 이 방법이 먹히지 않아요.

그럴 때 2번은 규칙을 어긴 것에 대한 벌칙을 말합니다. 규칙을 어겼다는 사실, 선생님에게 알려지고 벌점을 받는다는 사실이 부담스러운 학생은 조용하겠죠.

마지막으로 과제나 벌칙은 신경 안 쓰지만 주변 학생들에게 피해 주기 싫어하는 학생들은 주위를 둘러보고 눈치껏 조용히 합니다. 재밌게 지내고 싶은 것과 다른 사람에게 피해 입히는 것은 다르니까요.

무엇이든 표현하기 전에 상대방에게 효과적인 전략을 고민

해보세요. 우선 전하고 싶은 메시지를 분명히 합니다. 그리고 상대방에게 관심을 가지고 생각해요. 처음 전략이 통하지 않았을 때는 유연하게 다른 전략을 활용하며 다양한 시도를 해봅니다.

매듭짓기 이것만은 꼭!

1. 상대방의 성향과 특징을 생각하며 메시지 전달하기

2. 자신의 관점에서 벗어나 유연하게 대응하기

3. 상대방의 배경지식을 생각하며 메시지 전달하기

4. 같은 메시지를 단계적으로 표현하는 연습하기

5. 상대방에게 효과적인 전략 고민하기

나의 경험과 연결하여 표현하기

인공지능이 쓴 연애편지?

가끔씩 인공지능 시대에 글쓰기가 필요하냐고 묻는 학생들이 있어요. 훨씬 빠르고 쉽게 잘 써주는 기술이 있는데, 힘들게 직접 쓸 필요가 있느냐는 말이죠. 하지만 그런 시대일수록 나의 생각을 담아 글을 쓰는 능력은 더욱 소중해집니다.

굉장히 현실적인 질문 하나 해볼게요. 여러분이 연애편지를 받았어요. 그런데 그 연애편지가 AI 기술을 활용해서 작성한 글이라면 기분이 어떨까요? 사과편지도 마찬가지예요. 감동의 사과편지로 눈물을 흘렸는데, 그 글이 AI로 작성한 글이라면 어떨까요?

몇몇 학생들은 결과물만 만족스러우면 크게 중요하지 않다고 이야기해요. AI를 활용한 것도 정성이라고 말이죠. 예전에도 연애편지를 대신 써주는 사람들이 있었던 것처럼, 그 마음이 중요하다고 해요.

그래도 아직 대부분은 그 사실에 실망합니다. 글에 담긴 진정성을 의심하기도 해요. 글에 담긴 사연이나 예시들도 영혼이 없는 번지르르한 말일 뿐이니까요. 차라리 글쓰기 실력이 부족해도 직접 쓰는 게 낫다고 해요.

연예인들이 사과문을 올릴 때 직접 손으로 쓰는 경우가 많아요. 삐뚤빼뚤한 글씨지만 꾹꾹 눌러 쓰면서 그 마음을 담겠다는 의미죠. 진정성 있는 사과를 전달하기 위한 정성이 보이는 행위입니다.

연애편지를 생각해보세요. 연애편지를 쓰다 보면 살며시 미소가 떠오릅니다. 함께했던 좋은 추억들이 생각나기 때문이에요. 그 순간들을 떠올리는 과정에서, 그때의 감정이 되살아납니다. 알콩달콩한 마음과 함께 선명한 사랑의 이미지가 그려지죠.

반성문을 쓰기 위해서는 어떤 상황에서 본인이 무엇을 잘못했는지를 다시 떠올리며 자세히 과정을 적어야 합니다. 그리고 그게 누구에게 어떤 피해를 입혔는지 생각하며, 앞으로는 어떻게 행동해야 할지 다짐도 해요. 그러면서 조금이라도 반성하는 마음을 가져야 합니다.

글은 마지막 결과물도 중요하지만, 쓰는 과정에서 생각이 정리되면서 가치관이 형성되는 경험이 소중해요. 머리와 마음속에 무언가 새겨지며 조금씩 성장하는 것이죠.

하지만 AI가 뚝딱 써주는 글에는 '나의 몸과 마음속에 새겨지는 과정'이 빠져 있어요. 내가 이런저런 고민을 하고 뚝딱거리며 수정한 글이 아니기 때문에 글의 내용이 낯설게 느껴집니다. 나와 분리된 글이에요. 내가 요청한 글이지만, 내가 작성한 글이라고는 할 수 없어요.

AI를 활용한다고 하는 학생들도 AI가 제시해준 틀을 벗어나지 못하는 경우가 많아요. 그렇게 되면 AI에게 계속 끌려다니게 됩니다. 마지막 결과물을 보고도 내 의도에 맞는지 확인하고 판단하는 능력을 잃게 돼요.

더 좋은 결과물을 위해 AI를 활용하는 것은 좋습니다. 글감이 떠오르지 않을 때 대화하며 이야깃거리를 만들 수도 있고, 맞춤법이 헷갈릴 때 물어볼 수도 있고, 마지막에 글을 다듬으며 문법적으로 어긋난 문장을 고칠 수도 있어요.

대신 AI 과의존을 조심해야 합니다. 글의 주체성을 빼앗기지 마세요. 먼저 무슨 글을 쓰고 싶은지, 어떻게 쓰면 좋을지, 누구에게 전해주고 싶은지 분명히 목표를 정합니다. 충분히 고민하고 기본 틀을 짠 다음에 AI에게 도움을 요청하는 습관을 들이세요. 차근차근 글을 쓰는 방법을 함께 알아볼게요.

의미를 담은 이름 짓기

키크니 작명소

이름은 참 중요해요. 그 대상의 정체성을 의미하기 때문이에요. 그래서 적절한 이름을 짓기 위해 머리를 싸매고 고민합니다. 반려동물 이름, 애정하는 학용품 이름, 친구와의 소중한 애칭 등 하나하나가 창의적인 표현이에요.

그래서 저는 글에도 꼭 이름을 붙이라고 합니다. 독서감상문을 쓸 때도 'ㅇㅇㅇ을 읽고'라고 하지 말고 새로운 제목을 짓는 거죠. 책 제목이 중요한 것처럼 글에도 제목이 중요해요. 제목이 생기면 글이 더 생생해집니다.

일러스트레이터 키크니(keykney)는 SNS로 사람들 사연을 받아 이름을 지어주는 콘텐츠를 만들어요. 재치있는 아이디어에 감탄하는 순간이 많은데, 유튜브 채널 이름을 고민하는 사람들 사연을 몇 가지 소개할게요.

Q. 좋은 고등학교는 못 가지만 좋은 먹방 유튜버가 되고 싶은 중 3입니다. 먹방 유튜브 채널 이름 지어주세요.

A. 나 특먹고 다녀.

'좋은 고등학교를 못 갔다'는 말에 질문하는 사람의 아쉬움이 묻어 나오죠. 그래서 '나 특목고 다녀!'라는 한풀이용 허세에 '먹방'을 더해서 '특먹고'라는 재치 있는 이름이 나왔네요. 특별히 좋은 먹방을 기대합니다.

Q. 패션 유튜브 하고 싶은 이보라입니다. 유튜브 이름 작명 부탁드려요.

A. 주는 대로 이보라.

실제 이름은 명확한 채널의 정체성을 담아요. 그래서 '이승화TV' 같은 이름의 채널도 많이 볼 수 있죠. '이보라'라는 이름의 발음이 '입어라!'와 비슷한 점을 살려서 (옷) 주는 대로 이보라가 탄생합니다. 실제 이름과 '옷'에 대한 의미 모두 살린 채널명이에요.

Q. 한일 커플 유튜브 채널명 뭐가 좋을까요? 한국 여자, 일본 남자입니다.
A. 가장 잘한, 일.

커플 콘텐츠에는 알콩달콩 달달한 이야기가 많죠. 서로 국적이 다르면 문화가 다르고 그 안에서 또 다른 재미가 나옵니다. 한국과 일본이라는 다국적 커플의 특성도 살리고, 우리 만남이 '가장 잘한 일'이라는 달달한 의미도 잘 드러내는 이름이네요.

Q. 요리 유튜브 할 건데요. 인공지능 스피커 오케이 구글에게 매일매일 메뉴 추천받아서 요리하는 콘셉트예요. 유튜브 명으로 어떤 게 좋을까요?
A. 자꾸 구글 끓이라네.

요리 유튜브는 많이 있는데 독특한 콘셉트로 '오케이 구글'이라는 인공지능 스피커를 활용한다네요. 흥미롭게도 '국을~'을 이어서 발음하면 '구글'과 같아요. 그리고 추천받는 느낌도 살려 '~하라네!'로 마무리합니다. 기발하죠?

저도 유튜브 채널 이름을 짓는 데 많은 고민을 했어요. 이런저런 조건부터 생각해보았습니다. '승화라는 이름이 들어갔으면 좋겠고, 책과 미디어 이야기를 다룰 예정이고, 다양한 생각과 깊이 있는 생각을 공유하고 싶다!' 이 조건에 맞는 이름을 고민했습니다.

그리고 '북렌즈_승화하다'라는 이름을 지었어요. '북렌즈'는 제가 운영하는 독서모임 이름이에요. 책과 친구들(북+프렌즈), 책은 나와 세상을 읽는 렌즈(북+렌즈)의 의미를 갖고 있어 '책'이란 정체성이 드러나죠. 그리고 우연히 제 이름과 같은 '승화하다'는 '어떤 현상이 더 높은 상태로 발전하다'라는 뜻의 단어입니다. 그래서 북렌즈 독서모임과 함께 더 발전하겠다는 의미를 담았어요.

저는 학생들과 조별로 독서모임을 할 때, 조별 이름을 짓는 시간을 꼭 가져요. 간단히라도 조의 정체성을 담은 이름을 고민합니다. 친구들 이름을 한 글자씩 따기도 하고, 선정 도서의 특징을 가져오기도 하고, 함께 좋아하는 가수의 이름을 활용하기도 해요.

나아가서 여러분은 유튜브 채널을 만든다면 어떤 이름을

짓고 싶나요? 마음껏 떠올려보세요. 드러내고 싶은 요소가 무엇인지, 전하고 싶은 메시지가 있는지, 상상력과 창의력을 발휘하는 순간이에요.

선플 달기 운동

글쓰기를 어렵게 생각하는 학생들이 많아요. 그런 학생들도 SNS나 유튜브에 많은 댓글을 다는데, 넓게 생각하면 댓글도 짧은 글짓기라고 할 수 있어요. 그러니 모두 조금씩 글을 쓰고 있는 겁니다. 많은 학교들은 '선플 달기 운동'을 학생들에게 과제로 제공하는데, 이는 건강한 글쓰기 과제이기도 해요.

저는 웹툰, SNS, 유튜브와 함께 댓글을 즐겨 확인합니다. 해당 콘텐츠보다 댓글이 더 재미있는 경우도 있거든요. 그 댓글에도 여러 가지 생각이 담겨 있습니다. 댓글은 건강한 소통의 창구가 될 수 있다는 의미에서 댓글 유형을 살펴볼게요.

첫째, 작품 내용에 정서적으로 반응하는 댓글입니다. 정말 좋았다는 칭찬의 댓글과 아쉬움을 표현하는 댓글까지 감정을 고스란히 드러내요. 콘텐츠 퀄리티에 놀라기도 하고, 같이 웃으며 즐기기도 합니다. 이야기에 몰입해서 눈물을 흘리며 자신의 이야기를 꺼내는 감동적인 반응도 있어요.

예를 들면, 운동을 열심히 하지만 실력이 빠르게 늘지 않는 주인공이 좌절하는 모습을 보고 격려의 메시지를 남겨요. 그리고 공부를 열심히 해도 성적이 오르지 않아 마음이 힘들었던 자신의 이야기를 적어요. 그럼 많은 사람들이 대댓글로 그 이야기에 또 공감해줍니다.

둘째, 사실적 정보를 알려주는 댓글이 있어요. 콘텐츠 내용을 다시 한번 정리하고 요약해서 알려줍니다. 스스로도 정리하며 공부가 되고, 다른 사람에게도 도움이 되죠. 낯선 어휘나 독특한 연출의 의미를 분석해서 설명하기도 해요. 잘 몰랐던 사람들이 내용을 놓치지 않도록 도와줘요. 누군가는 댓글로 "이것 좀 설명해주세요", "이 부분 설명 있을 줄 알았는데 없네요"라고 적극 요청하기도 합니다.

예를 들면, 낯선 단어가 작품 안에서 나왔을 때, 그 단어의 뜻을 댓글에서 알려줍니다. 사전을 따로 찾지 않는 독자들이 많이 있으니 낯설거나 어려운 단어는 해설해주어요. 대댓글에는 감사의 인사가 가득합니다.

셋째, 다음 내용을 예측하고 추론하는 댓글이 있어요. 모호한 내용으로 마무리가 되었을 때 다음에 전개될 내용을 예상해서 정리해요. 숨겨진 단서들을 활용해서 캐릭터 변화도 추론합니다. "혹시 작가님이신가요?"라며 적극적으로 긍정하기도 하고, 반론의 댓글이 달리기도 해요. 물론 다음 내용이 나왔을 때 예상한 내용과 다를 수도 있지만, 이런 추론은 의미 있는 과정이에요.

예를 들면, 지금 실력이 늘지 않아 마음고생하는 주인공이 나중에 학교 친구 중 하나와 라이벌이 될 것 같다고 예상해요. 또 지금은 적이지만 뭔가 호감이 가는 캐릭터는 나중에 좋은 동료가 되어 도와줄 것 같다는 추측도 하죠.

넷째, 작품을 분석하고 비판하는 댓글이 있어요. 무작정 '갈비탕 레시피', '비빔밥 레시피' 등을 적거나 제작자를 직접적으로 비난하는 것은 건강하지 못한 방법입니다. 작품을 체계적으로 분석하고 이를 바탕으로 아쉬운 점을 전달해야 제작자도 이를 반영하여 더 좋은 작품을 만들 수 있습니다. 캐릭터 성격이 초반과 달라졌다거나, 내용과 설정상 오류가 있다거나, 그림체가 이전에 비해 안 좋아졌다는 식으로 자세한 피드백을 담은 건강한 비판이 필요해요.

예를 들면, 어릴 때 체육관에서 마주친 적 있는 사이로 나왔는데 링 위에서 처음 본 것처럼 인사하는 것은 설정 오류입니다. 또 스포츠의 기술 이름이나 규칙이 잘못되었다면 수정이 필요하죠. 또 선수들의 파워 밸런스도 작품의 긴장감과 몰입감을 형성하는 데 중요한 요소이니 비판적으로 보고 의견을 제시할 수 있습니다.

다섯째, 창의적으로 작품을 재해석하고 본인 생각을 더하는 댓글이 있어요. 작품에 제시된 문제해결 방법 외에 새로운 방법을 제안하기도 하고요. 주인공 행동에 아쉬움을 표현하면서 또 다른 가능성을 제시하기도 해요. 또 작품의 영상화를 기대하며 캐릭터와 어울리는 실제 배우를 가상 캐스팅하며 상상의 나래를 펼칩니다. 이 모든 행위들이 상상력과 창의력을 자극하는 적극적 읽기 행위예요.

예를 들면, 매력적인 조연을 외전으로 해서 또 다른 이야기를 제안할 수 있어요. 또 웹툰을 드라마나 영화로 만들었을 때 어울리는 배우들을 소개합니다. 복싱 선수 출신인 배우, 액션 연기를 잘하는 배우, 그림체와 생김새가 비슷한 배우 등을 구체적으로 나열할 수 있어요.

나만의 노래 가사 쓰기

HAPPY한 음악의 힘

자기소개 노래 영상 하나로 큰 인기를 얻은 초등학생이 있어요. 초등학교 2학년 차노을 학생이 부른 〈HAPPY〉라는 노래는 밝고 행복한 메시지를 전하며 사랑을 받았답니다.

친구 사귀는 것을 힘들어하던 차노을 학생을 도와주고자 함께한 아버지의 정성과 사랑이 노래에 담겼어요. 가사와 음악, 뮤직비디오까지 멋있게 완성되었습니다. 이 노래만 들어도 차노을 학생이 어떤 사람인지, 무엇을 꿈꾸는지 알 수 있어요.

나는 2학년 차노을 차미반의 친구
춤추고 랩하는 걸 좋아하는 친구

나를 보면 인사 건네줘

반갑게 먼저 말을 걸어줘

어른들이 자꾸 물어봐

커서 뭐가 되고 싶은지를 물어봐

정말 힘든 질문이야 답이 너무 많아

먹고 싶은 게 많아서 꿈도 너무 많아

나쁜 사람 체포하는 경찰

위용위용 불끄는 소방관

지금처럼 랩을 하는 래퍼

얍!얍!얍! 멋진 태권도장 관장

뭐가 됐든 행복하면 됐지

뭐가 됐든 함께라면 됐지

사실 내가 진짜 되고 싶은 건

세상에서 가장 행복한 사람

가사가 참 귀엽죠. 이 노래를 바탕으로 여러 광고도 만들어졌어요. 어린이보호구역에서 조심하라는 의미, 재래시장에 놀러오라는 의미 등 다양해요. 나아가 수많은 사람들이 가사를 바꿔 부르기 시작했어요. 자신만의 경험과 이야기를 담아서 말이죠. SNS에서 화제가 된 또 다른 학생의 노래를 소개할게요.

나는 3학년 ○○○, ○○○의 친구

축구하고 운동하길 좋아하는 친구

(…)

언제 키 크냐고 계속계속 물어봐

정말 슬픈 질문이야 나도 정말 몰라

나도 키 크고 싶어서 밥도 많이 먹어

눈이 좋아진다는 당근

뽀빠이도 먹는 시금치

매일매일 먹고 있는 식사

냠!냠!냠! 나는 멋진 키 큰 사람

뭐가 됐든 건강하면 됐지

뭐가 됐든 키만 크면 됐지

사실 내가 진짜 되고 싶은 건

세상에서 가장 키 큰 사람

초등학교 3학년 친구의 고민이 잘 드러납니다. 고등학생 버전, 선생님 버전, 학부모 버전 등등 사람들은 자신만의 이야기로 새로운 가사를 만들었어요. AI가 생성할 수 없는 소중한 경험들이 담겨 있지요.

수업 때 이처럼 학생들과 함께 가사를 바꾸어보고 노래도 불러보았어요. 박자에 맞게 글자 수를 맞추어 가사를 쓴다는 것이 쉽지는 않았습니다. 흥얼흥얼 노래를 생각하며 써야 하니까요.

학생들은 게임이나 식사 메뉴처럼 가벼운 고민부터, 어느 학교로 진학하면 좋을지 같은 진지한 고민까지 속마음을 풀어냈어요. 이렇게 재미있는 생각과 경험을 담아 표현하는 것이 말하기와 글쓰기의 기본입니다. 꼭 한 번 나만의 노래를 만들어보세요.

N행시로 글짓기

바밤바, 누가바, 캔디바

처음 시작이 막막할 때는 N행시처럼 조건 있는 글쓰기를 활용합니다. 상대방이 주는 제시어 안에서 내용을 쥐어짠다는 마음으로 이야기를 만들어요. 한 연예인의 바밤바 3행시가 화제가 된 적 있어요. 무엇으로 시작해도 바밤바로 끝나는 것이 웃음 포인트입니다.

바: 바밤바
밤: 밤맛이 나는
바: 바밤바

누: 누가바
가: 가만히 보니
바: 바밤바

캔: 캔 유 스피크 잉글리시?

디: 디스 이즈

바: 바밤바

수: 수박바

박: 박성웅이 먹어보니

바: 바밤바

같은 제시어로도 다양한 글짓기가 가능하기 때문에 여러 방법으로 즐길 수 있습니다. 순발력과 창의력을 동시에 기를 수 있는 N행시 놀이를 즐겨 해봅니다. 가장 먼저 시도해보기 좋은 제시어는 이름이에요. 본인 이름으로 N행시를 지어보아요.

꼬리에 꼬리 무는 이야기

제시어를 넘어 문장을 이어 글을 쓰는 릴레이 글쓰기도 좋습니다. 달리기에서 배턴 터치하듯 앞 문장에 이어 새로운 문장을 짓는 거예요. 국립어린이청소년도서관에서도 '너 쓰고, 나 쓰고'라는 릴레이 소설 출간 프로젝트를 연 적이 있어요. 이러한 릴레이 글쓰기의 장점은 쓰고 싶은 만큼 자유롭게 쓰면 된다는 거예요. 한 문장도 좋습니다. 꼭 마무리해야 한다는 부담 없이 쓰고, 뒷사람에게 맡깁니다. 어디로 튈지 모르는 예상 밖의 매력이 즐겁답니다.

1. 철수는 중학교 1학년 학생이다. 친한 친구와 축구를 하다가 다리를 다쳤다.

2. 그날은 오랜 친구 지현이의 생일이었고, 지현이에게 고백하려고 마음 먹은 날이었는데, 큰일이었다.

3. 결국 병원에 가서 치료를 받았다. 깁스를 하고 목발을 짚고 꽃을 사러 갔다.

4. 꽃을 사러 갔는데, 가게 문이 닫혀 있었다. 그래서 어쩔 수 없이 옆에 있는 다이소에 갔다.

5. 다이소에서 조화 꽃다발을 사서 집에 갔다. 잠깐 쉬려고 했는데 정신 차리고 보니 밤이었다. 끝났다.

축구하다 다친 이야기로 시작되어 결국 0고백 1차임의 연애소설처럼 끝났어요. 1~3문장 정도 길지 않은 글을 쓰면서 꼬리에 꼬리 무는 이야기를 지어보면 또 다른 글쓰기의 매력을 느낄 수 있습니다.

여기에는 내가 조금 부족하게 써도 다른 사람이 잘 보완해 줄 것이란 믿음도 있어요. 또 내가 의도한 상황과 다르게 흘러가는 이야기를 바라보는 즐거움도 있고요. 이야기를 만드는 즐거움에 우선 빠져보아요.

냉장고를 부탁해

JTBC 요리 예능 프로그램 〈냉장고를 부탁해〉를 즐겨 봅니다. 게스트의 냉장고를 그대로 가져와, 그 냉장고 안에 있는 재료를 활용해서 15분 동안 게스트를 위한 요리를 하는 거죠. 이 과정이 글쓰기와 비슷합니다.

1. 냉장고 재료 확인 = 글감 챙기기

유명한 요리사들이 가장 긴장하는 순간이 냉장고 속 재료를 확인하는 순간이에요. 냉장고 안에 재료가 없으면 할 수 있는 요리의 폭이 굉장히 좁아집니다. 텅 빈 냉장고를 보았을 때, 원하는 재료가 없을 때 요리사들은 난감한 표정을 지어요.

글쓰기도 시작은 글감이에요. 글 재료가 없으면 글을 짓기 힘들거든요. 쓸 내용이 없어 걱정인 학생들은 우선 글감부터 모아요. 내가 좋아하는 것들, 경험한 것들, 읽은 책들과 본 영화들이 모두 좋은 글감이에요. 충분한 글감이 모이면 글을 짓기 훨씬 편해요.

저는 이 책을 쓰기 위해 열심히 유튜브, SNS, 커뮤니티의 인기 콘텐츠들을 수집했어요. 하나하나가 다 글의 소재니까요. 정말 재미있고 의미 있는 콘텐츠를 만나면 바로 저장하고 메모합니다. 잊으면 안 되니까요. 그렇게 좋은 글감이 있으면 기분 좋게 글이 술술 써집니다.

2. 요리의 콘셉트 정하기 = 글쓰기 목표 정하기

이 프로그램의 묘미는 15분이라는 제한된 시간이에요. 이 시간 안에 게스트가 정한 콘셉트에 맞는 요리를 만들어야 합니다. 게스트 사연을 바탕으로 '고향이 생각나는 맛', '먹어도 살 안 찌는 요리', '스트레스가 풀리는 매운맛' 등의 요리 콘셉트가 정해져요. 그냥 하고 싶은 요리를 하는 것이 아니라 콘셉트에 맞는 요리를 합니다.

글쓰기도 목표를 정하고 방향을 생각한 후에 쓰면 좋습니다. 무작정 쓰다가 길을 잃어서 지우고 다시 쓰고를 반복하는 경우도 많으니, 처음부터 글의 목적을 생각해보세요. '독서감상문 과제', '나의 걱정을 해소하는 일기', '상상력을 자극하는 소설', '논리적으로 사회 문제를 해결하는 글' 등 수식어를 붙여서 정의해봅니다.

이 글의 목적은 '학생들이 미디어를 활용해 즐겁게 문해력을 향상시키는 글'입니다. 그냥 설명하고 싶은 내용이 있어도 관련 미디어를 최대한 활용하기 위해 노력해요. 그렇게 목표를 생각하면 통일성 있는 형식의 글이 나옵니다.

3. 게스트의 취향 파악하기 = 읽는 사람 떠올리기

프로그램의 게스트는 결국 요리를 맛보고 평가하는 사람들이에요. 그들이 요리사처럼 맛 전문가는 아니지만 본인 나름의 취향을 가지고 있습니다. 그래서 중간중간 MC들은 질문을 하고, 게스트는 대답을 하며 취향을 드러내요. "매운 것을 못 먹어요", "느끼한 음식 싫어해요", "좀 싱겁게 먹는 편이에요." 등등 요리사들은 이렇게 게스트가 원하는 것들을 잘 챙겨야 합니다.

글쓰기도 결국 읽는 사람을 계속 생각해야 합니다. 읽는 사람에게 적합한 내용인지 고민해요. 선생님에게 쓰는 글과 부모님에게 쓰는 글, 친구에게 쓰는 글과 동생에게 쓰는 글은 접근 방식이 다릅니다. 같은 내용도 어린 동생에게 쓴다면 좀 더 쉽게 써야겠죠?

저도 그래요. 이 글의 소재인 미디어 콘텐츠 중에 정말 재미있는 내용이 있어도, 학생들에게 적합하지 않으면 바로 제외합니다. 그리고 학생들이 공감하기 좋은 내용을 우선으로 선정해요. 학생들에게 어렵지 않은 단어들을 쓰기 위해서 노력하고요.

4. 중간중간 간 보기 = 글 수정하기

15분이라는 짧은 시간이지만, 요리 중간에 MC들은 음식의 간을 봅니다. 그리고 이대로 충분한지, 보완이 필요한지 피드백을 해줘요. 가끔은 게스트가 직접 간을 보고 반응해요. 아무리 전문가라도 중간 점검은 필수 요소입니다.

글쓰기도 한 번에 뚝딱 잘 써지는 경우는 많지 않아요. 글을 쓰고 나서도 쓴 글을 다시 읽어보고, 또 수정하면서 완성도를 높여나갑니다. 그 과정이 번거롭고 힘들지만, 꼭 필요해요. 우선 소리 내어 읽어보면 어색한 부분이 보여요. 그렇게 잘못된 내용을 수정하고, 더 좋은 표현으로 바꿀 수도 있어요.

책을 쓸 때, 처음 글을 써서 완성된 원고를 초고라고 해요. 이 초고를 바탕으로 여러 사람들이 읽고 두 번, 세 번, 네 번 계속 글을 수정합니다. 글의 완성도를 높여 독자에게 좋은 책을 제공하기 위함이에요.

5. 완성하고 피드백 받기 = 독자의 반응 보기

제한된 시간 내에 요리를 완성하고 종을 칩니다. 짧은 시간이지만 시각적 즐거움을 위해 음식을 그릇에 예쁘게 담아요. 그리고 게스트가 먹는 모습을 보고, 반응을 기다려요. 좋은 평가를 받기도 하고, 아쉬운 소리를 듣기도 합니다. 그 과정에서 다음 요리를 위해 필요한 점을 생각해요.

누군가는 내가 쓴 글을 읽습니다. 과제를 평가하는 선생님, 편지를 받는 친구, 나의 생각을 궁금해하는 부모님 등. 독자들 반응을 보고 잘한 점과 아쉬운 점을 생각해요. 그리고 그들 반응을 양분으로 삼아 더 좋은 글을 쓰는 거죠.

책을 쓰고 북토크를 하면 많은 독자들을 만나요. 정말 유익했다고 좋은 말씀을 해주는 분들도 있지만, 내용이 어려웠다, 딱딱했다, 복잡했다와 같은 아쉬운 점을 이야기하는 분들도 있어요. 모두 소중한 의견입니다. 이를 반영해서 다음에 더 좋은 글을 쓸 수 있으니까요. 이 책을 읽은 여러분의 반응도 제게 꼭 들려주세요.

매듭짓기 이것만은 꼭!

1. AI 과의존 주의하며 글쓰기 주체성 챙기기

2. 일상생활 속에서 이름 짓는 연습하기

3. 여러 가지 방식으로 댓글 작성하기

4. 노래 가사 바꾸기, N행시 짓기, 릴레이 글쓰기

5. 글감을 정하고 목표에 맞게 대상을 고려하여 표현하기

☀ 도파민 쉼터 ☀

독서모임
- 읽고 대화하기 -

도파민 자극에서 잠시 벗어나는 시간, 네 번째는 독서모임입니다. 책을 읽고 동그랗게 둘러앉아 자유롭게 책에 대한 이야기를 나누는 비경쟁 독서토론을 떠올리면 됩니다. 마지막 도파민 쉼터는 결국 사람과의 대화입니다. 친구들과 함께 마주 보고 참여하는 활동을 추천해요.

책 읽는 것도 힘든데, 도대체 책을 읽고 무슨 이야기를 하냐고 되묻는 학생들도 있어요. 책이 부담스러우면 함께 본 영화, 웹툰, 좋아하는 가수의 공연에 대해 이야기 나누어도 좋아요. 훨씬 부담이 줄어들겠죠?

거창한 이야기를 나누지 않아도 됩니다. 그날 주제에 대해 인상 깊었던 점이 무엇인지, 그 점이 왜 기억에 남는지, 어떤 점이 아쉬웠는지, 서로에게 궁금한 점을 편하게 나누면 돼요. 무엇이든 읽고 생각하고 경험을 나누는 과정이 소중하니까요.

같은 작품을 보고도 서로 다르게 이해하고 생각한다는 사실은 굉장히 흥미롭습니다. 처음에는 내가 맞고 상대방이 이상하게 느껴지지만, 그런 경험을 자주 하다 보면 다양성을 존중하게 돼요. 책보다도 친구들

이야기가 듣고 싶어 모임이 기다려지기도 합니다.

　모임에서 이런 다양성을 공유하기 위해서는 나의 생각을 상대방에게 조리 있게 전달해야겠죠. 또 상대방 말도 제대로 이해해야 합니다. 그래야 맞장구를 치며 공감할 수 있고, 다른 부분을 짚어볼 수도 있죠. 독서모임은 이해하고 표현하는 능력이 자연스럽게 향상되는 유익한 시간이에요. 꼭 도전해보세요.

　어떻게 시작해야 하는지 막막하죠? 우선 학교 도서관으로 달려가세요. 다양한 독서 프로그램들이 여러분을 기다리고 있을 겁니다. 그다음은 동네 지역도서관이나 청소년센터에 방문해보세요. 다양한 사람들을 만나는 기회가 됩니다.

　일상생활 속에서도 책 읽는 친구들을 만나면 말을 걸어요. 그렇게 마음 맞는 친구들과 시간을 정해 카페에 모여 즐겁게 대화를 나누면 모임이 시작됩니다. 꼭 도전해보세요.

결국 미래를 위한 문해력

왜 우리한테만 그래요?

어른들은 왜 모르는 말을 자꾸 써요?

어른들도 우리가 쓰는 유행어 잘 모르잖아요.

청소년을 대상으로 문해력 수업을 하면 비슷한 반응을 종종 만나게 됩니다. 이러한 날 선 반응은 수업에 대한 무관심으로 이어지고, 배우려는 열기도 점점 줄어들어요. 아무리 재미있는 책을 선정하고 읽을거리를 준비해도 한계가 있어요. 학생들의 외면 속에 독서와 문해력 수업을 하는 것은 점점 두려운 일이었지요.

반면에 미디어 수업을 할 때는 학생들 눈이 초롱초롱했어요. 실생활에서 많이 접하는 웹툰, 광고, 영화, SNS 콘텐츠들을 볼 때마다 집중도가 올라갔습니다. 학생들이 미디어를 좋아하니 수업 참여도도 높았어요. 그렇다 보니 저 또한 미디어 수업은 기다려지는 시간이 되었어요.

하지만 문해력 수업을 포기할 수는 없었습니다. 문해력은 학생들 학습 능력에 중요한 요소니까요. 문해력이 부족하면 실생활에서 소통이 단절되고 주변 환경에 적응하기도 힘들어집니다. 결국 저는 어떻게 접근할지 고민해야 했어요.

우선 기존 미디어 수업에 문해력 관련 학습 내용을 조금씩 넣었어요. 학생들은 부담 없이 참여했고 반응도 좋았어요. 그래서 다음으로는 문해력 수업에 미디어 콘텐츠를 적극적으로 활용했습니다. 지금은 문해력 수업도 학생들에게 외면받지 않고, 즐겁게 진행하고 있어요. 이 책은 그러한 미디어 활용 문해력 수업의 결과물입니다.

'책, 독서, 문해력' 키워드를 묶어서 고리타분하게 보는 학생들이 많아요. 책을 읽는 사람은 줄고 있지만 책을 즐기는 방법은 더 다양해지고 있어요. 이렇게 빠르게 변하는 현실에서 문해력은 필수입니다. 책을 읽는 방법을 넘어 무언가 이해하고 표현하는 힘이 문해력이니까요.

무언가 사라지는 만큼 새로 생기는 것도 많아요. 빠르게 변하는 시대에서 새로운 지식과 표현들은 점점 늘어날 거예요. 우리 모두는 결국 계속 배우고 익혀야 합니다. 문해력은 빠르게 변하는 시대에 적응하는 힘이에요. 미래를 살아갈 학생들에게 더욱 필요한 문제해결력 그 자체라고 할 수 있어요.

문해력은 지금 세대에 적응하며 행복하게 살아가는 힘을 주면서, 앞으로 행복하게 살아갈 힘도 담보합니다. 호기심과 탐구심을 갖고 지금 환경에 잘 적응하는 사람은 앞으로도 부지런히 새로운 것들을 배우고 활용할 거예요. 그리고 그 힘은 미래에도 큰 역할을 할 것이라 믿습니다.

참고 문헌

『다시, 어떻게 읽을 것인가』 나오미 배런 지음, 전병근 옮김, 어크로스, 2023년

『다시, 책으로』 매리언 울프 지음, 전병근 옮김, 어크로스, 2019년

『단어가 품은 세계』 황선엽, 빛의서가, 2024년

『도파민네이션』 애나 렘키 지음, 김두완 옮김, 흐름출판, 2022년

『도파민 인류를 위한 대화의 감각』 이승화, 오리지널스, 2025년

『독서에도 교육이 필요하다면』 최소희·이승화, 인품, 2021년

『법 쫌 아는 10대』 김나영·김택수, 풀빛, 2024년

『사춘기를 위한 문해력 수업』 권희린, 생각학교, 2022년

『순례 주택』 유은실, 비룡소, 2021년

『유튜브는 책을 집어삼킬 것인가』 김성우·엄기호, 따비, 2020년

『읽는 인간 리터러시를 경험하라』 조병영, 쌤앤파커스, 2021년

『읽어도 읽은 게 아니야!』 이승화, 시간여행, 2023년

『우아한 거짓말』 김려령, 창비, 2009년

『체리새우: 비밀글입니다』 황영미, 문학동네, 2019년

『페인트』 이희영, 창비, 2019년

도파민 세대를 위한 문해력 특강

초판 1쇄 발행 2025년 11월 20일
초판 2쇄 발행 2026년 1월 15일

지은이 이승화
펴낸이 한승수
펴낸곳 문예춘추사

편집 구본영
디자인 이새봄
마케팅 박건원, 김홍주

등록번호 제300-1994-16호
등록일자 1994년 1월 24일
주소 서울특별시 마포구 동교로 27길 53, 309호
전화 02 338 0084
팩스 02 338 0087
메일 moonchusa@naver.com

ISBN 978-89-7604-766-3 43710

* 이 책에 대한 번역·출판·판매 등의 모든 권한은 문예춘추사에 있습니다.
  간단한 서평을 제외하고는 문예춘추사의 서면 허락 없이 이 책의 내용을
  인용·촬영·녹음·재편집하거나 전자문서 등으로 변환할 수 없습니다.

* 책값은 뒤표지에 있습니다.

* 잘못된 책은 구입처에서 교환해 드립니다.